떠나갈 때
다가오는 것들

떠나갈 때 다가오는 것들

초판 1쇄 발행 2025년 8월 14일

지은이 이은정
펴낸이 장길수
펴낸곳 지식과감성#
출판등록 제2012-000081호

교정 한장희
디자인 강샛별
편집 강샛별
검수 이주연, 이현
마케팅 김윤걸

주소 서울시 금천구 벚꽃로298 대륭포스트타워6차 1212호
전화 070-4651-3730~4
팩스 070-4325-7006
이메일 ksbookup@naver.com
홈페이지 www.knsbookup.com

ISBN 979-11-392-2742-0(03810)
값 15,000원

- 이 책의 판권은 지은이에게 있습니다.
- 이 책 내용의 전부 또는 일부를 재사용하려면 반드시 지은이의 서면 동의를 받아야 합니다.
- 잘못된 책은 구입하신 곳에서 바꾸어 드립니다.

※ 본 도서는 2025년 부산광역시, 부산문화재단 〈부산문화예술사업〉의 지원을 받았습니다.

지식과감성#
홈페이지 바로가기

떠나갈 때
다가오는 것들

이은정 지음

삶은 접힘과 펼침을 거듭하며 시간의 무게를
체감한다. 준비하고 실현하며 다시 물러서는
과정을 통해 자신만의 궤적을 남긴다.

지금부터라도 나는 내 삶을 유심히 관찰하면서 살아갈 것이다. 되어 가는 대로 놓아두지 않고 적절한 순간, 내 삶의 방향키를 과감하게 돌릴 것이다. 인생은 그냥 받아들이는 것이 아니라 전 생애를 걸고라도 탐구하면서 살아야 하는 무엇이다. 그것이 인생이다.

- 모순(양귀자)

작가의 말

　글을 쓴다는 것은 삶을 압축해 내는 일입니다. 누구나 고스란히 살아내는 삶은 그 자체만으로도 의미 있는 행위라고 여겨집니다. 저의 평범한 일상 역시 그 이면을 들여다보면 나름의 이유와 맥락을 지니고 있었고, 다른 이의 삶 또한 다르지 않다는 생각이 듭니다.
　각 장의 소제목에는 인용문을 실었습니다. 내 안에 깊이 각인된 작가들의 한 구절은 사유의 중심축이 되어 주었습니다. 저는 그 문장을 글로 풀어내고, 삶으로 확장시키며, 그들과 저 사이의 연결고리를 이어갑니다.
　이 책은 여섯 개의 장으로 나뉘어 있습니다. '평범한 날들의 깊이'에서는 저의 일상을 담았습니다. 닫힌 쥘부채처럼 마음껏 펼쳐 보이지 못했던 삶의 이력이 아쉽기도 하지만, 이제는 삶이 특별하지 않아도 그 자체로 충분히 의미 있다는 생각이 듭니다. 저의 삶은 누구의 삶과도 같지 않고, 타인의 삶 또한 그러합니다. 각자의 존재는 그 자체로 존중받을 이유가 있다고 생각합니다. 그래서 저는 누룩꽃이 피어나는 날을 기다리듯, 매일의 삶에 풍미를 빚어가며 살아갑니다.

'음악 저 너머의 산책'은 저의 삶과 맞닿아 있는 음악에 대한 단상입니다. 저에게 음악은 단순한 취향을 넘어선, 특별한 매개체입니다. 어린 시절부터 피아노를 쳤고, 지금도 한 달에 한 번 이상 공연장을 찾으며, 매주 합창 연습에 참여하고 있습니다. 가요, 인디음악, 팝송, 클래식 등 장르를 가리지 않고 음악을 사랑하며, 그 안에서 나의 감성은 솟구치고, 때로는 추락하며, 다시 평정을 되찾습니다. 음악은 언어로 담을 수 없는 감정을 선율로 건넵니다.

'내면의 색채'에서는 미술관의 작품을 통해 사유의 영역을 확장해 나가는 과정을 그려냈습니다. 그림을 그리고 조각을 하는 이들은 누구보다 깊은 사유에 몰두하는 사람들입니다. 한 작품 안에는 다양한 층위의 사고가 촘촘히 스며 있습니다. 작품을 본다는 것은 결국, 누군가의 사유에 천천히 젖어드는 과정입니다. 저마다의 사물과 사람은 바로크 진주처럼 불완전함 속에서 고유한 빛을 발합니다.

'책장을 넘기며 마주한 깊이'는 책 속에서 반추하게 된 제 삶의 성찰을 담고 있습니다. 책을 읽는다는 것은 문장 하나하나를 곱씹으며, 작가의 사유를 천천히 자신 안으로 스며들게 하는 일입니다. 문장 사이로 제 삶의 그림자가 비쳐오는 순간은, 때때로 번뜩이는 재치처럼 짜릿하게 다가옵니다. 제가 좋아하는 작가들의 글은 각양각색의 디저트처럼 달콤하면서도, 씹을수록 깊은 맛이 배어납니다.

'발걸음마다 새겨진 풍경'은 말 그대로 장소에 담긴 사유입니다. 익숙한 곳이라도 그때 간직했던 감정에 따라 새롭게 다가오고, 낯선 곳은 굳이 특별한 의미를 덧붙이지 않아도, 그 자체로 일상의 테두리를 벗어나게 하는 설렘을 선사합니다. 발걸음마다 펼쳐지는 풍경 너머로 풍경과 감정이 교차하며 또 다른 세상이 열립니다. 공간이 환기시키는 내면의 변화를 만끽하고 싶어 늘 어디론가 떠나려고 합니다.

무엇보다 세상의 경계에서 드러나는 현실의 민낯에 관심을 기울이고 있습니다. 수필을 쓴다는 행위가 개인의 울타리를 넘지 못한다면, 평생 문학적 결핍 속에 머무르게 될 것 같아, 세상의 고통과 상처에도 시선을 두고자 합니다. 일상의 균열을 드러내는 사회의 단면들을 저만의 시선으로 조명하기 위해, 부족하더라도 면밀히 들여다봅니다.

수필의 깊이는 삶을 얼마나 밀도 있게 경험하고, 그 이면을 치열하게 성찰했는가에 달려 있습니다. 좀 더 온전히 살아내지 못한 아쉬움 때문에, 글을 세상에 내보이는 일이 마음 한편에 무거운 짐으로 남습니다. 차라리 소설이라는 영역이었다면 좀 더 편했을까 하는 생각도 듭니다. 그럼에도 글을 쓴다는 행위는 저를 일으켜 세우고, 더 나은 사람으로 살아가게 하는 근원이 되어 오늘도 글을 읽고 씁니다.

목차

작가의 말   6

평범한 날들의 깊이

쥘부채   16
구덕운동장   21
블랙 스완   26
기억의 끝에서, 엄마   31
특별한 소통   38
아들아! 결혼할 수 있을까?   44
50, 다시 들리는 목소리   49
누룩꽃이 피는 날   53

음악 저 너머의 산책

합창의 기호 1	60
귀에는 귀꺼풀이 없다	65
가구 음악	70
아프리카의 울림	75
세상의 모든 아침	80
말러리안	85
글렌 굴드, 무대에서 사라지다	90
합창의 기호 2	96

내면의 색채

바로크 진주	104
영화 속 한 장면처럼	108
내면의 자화상	112
예술의 공간을 거닐다	117
도스트와 큐레이터	122
단색의 울림	128
골목길의 정경	133
내 마음의 등대	138

책장을 넘기며 마주한 깊이

마음을 조각하듯 글을 쓰다	144
한강 작가를 만나다	149
달의 궁전	154
댈러웨이 부인	160
이처럼 사소한 것들	165
참을 수 없는 존재의 가벼움	170
기억의 왈츠	176
우리가 인생이라 부르는 것들	181

발걸음마다 새겨진 풍경

추억 저장소	188
두 번째 바람	193
성 프란체스코 성당	198
남해, 다시 걷는 길	203
광안리 밤 산책	208
지관서가(止觀書架)	213
양동 마을	219
통영 인물 기행	224

세상의 경계에서

떠나갈 때 다가오는 것들   232
비자발적으로 의도치 않게   239
폐허 속 비상   245
키치   250
스노비즘   255
분봉의 명분   259
변신의 문턱   265

평범한 날들의 깊이

✕

하나의 여성이 된다는 것은 수레바퀴의 중심축에서 뻗어나간 바큇살과 같이 모성이라는 핵을 중심으로 모든 방향에 대해 관심과 의무를 갖는 것이다. 여성들의 생활 형태는 본질적으로 원형이다. 우리는 가족뿐 아니라 친구들, 가정 사회를 향해 열려 있어야 한다.

― 바다의 선물(앤 모로 린드버그)

쥘부채

쥘부채의 갓대가 고요히 숨을 죽인 채 바람의 날개를 품는다. 촘촘히 주름져 갓대에 갇힌 부챗살은 아름다운 풍경을 드러낼 수도 바람을 일으킬 수도 없다. 산수화의 색감만 얼키설키 뒤얽힌 채 하얀 한지 사이로 흔적만 내비친다. 스님의 손에 쥐어진 죽비처럼 갓대의 소리만 명징하다.

쥘부채는 만개를 기다리는 꽃봉오리다. 청명한 하늘을 가르는 바람과 고풍스러운 산수화를 쟁여 두고 한 자락의 시름을 품고 있다. 파죽지세로 내리친 대나무 속살의 부챗살은 결연히 줄을 맞춰 빈틈없이 서 있다. 신묘한 기운과 운치를 품고 공작의 깃털처럼 활짝 펼쳐질 순간만을 기다린다.

쥘부채는 빛과 그림자가 춤을 추는 야누스 같다. 반전의 역할을 담아내며 쓰임새도 각양각색이다. 연극배우처럼 내밀한 감정을 표현하고, 역동적인 기예의 미를 선보이며, 선사처럼 강직한 경종을 울린다. "탁" 하는 울림과 함께 펼쳐진 부채는 온전한 그림을 내보이며 은은한 바람을 일으킨다. 부채는 펼쳐질 때 비로소 진가를 발휘한다.

사랑에 빠지면, 누군가의 마음을 마치 부채처럼 펼치고 싶은 욕망이 생긴다. 교양과 인격을 갖추되, 멋과 개성이 돋보이면 매력이라는 보석을 찾아 상상의 날개를 단다. 길을 가다가도 진열창에서 그 사람의 얼굴을 떠올리고, 음악을 들으면서 설레는 감정을 이입하며, 멜로 영화 속 주인공처럼 사랑의 줄다리기를 한다. 연인에 관한 생각의 나래가 다양한 장면 속에서 이어지며 다음 이야기로 흘러간다.

관심이 없는 사람에게는 상상의 날개를 접는다. 상대방의 마음에 다가갈 열쇠를 쥐고도, 정작 그 내면을 열어볼 생각을 하지 않는다. 아무리 아름답거나 잘난 사람이라도 자신만의 품격이 없으면 호의를 느낄 수 없다. 무언의 행동으로 배려와 호감을 보여도 크게 매료되지 않는다. 사물이나 사람이 돋보이도록 하는 요인은 관심과 매력이다.

나는 닫힌 부챗살처럼 접혀 있다. 현재의 햇살, 공기와 분위기에 연결되지 못한 채 사사로운 생활의 소란에 매여 있다. 어수선한 일상에서 펼침과 접힘을 거듭하며, 잡히지 않는 환상만 애타게 기다릴 뿐, 쭈뼛거리고 동동대며 숨을 죽인다.

쥘부채의 갓대 같은 삶의 울타리가 고요하지만 막막하다. 빛을 본 적 없는 그림자처럼 닫힌 틈새에서 열린 세상을 향한 갈망만으로 흔들리고 있다. 발목을 휘감는 꺼림칙한 걸림돌에 주춤거리며 뒷걸음질 친다. 잔잔해 보이지만 탁한 강물 같은 존재 앞에 마음의 문이 닫히고, 파도에 휩쓸리며 이리저리 떠밀려 다니는 나뭇잎 같은 대상 앞에 내딛는 발걸음을 거둔다. 친절한 부추김에 흔들리다가도, 허울뿐인 미소와 허세를 간파하면 더는 드러낼 수 없다.

갓대 안의 부챗살이 스스로 펼쳐지는 순간이 있다. 고요한 호수처럼 깊고, 무한한 별빛 아래 자신의 작은 그림자를 바라보며, 동트기 전 먼저 눈을 뜨는 태양처럼 빛을 발하는 사람 앞에 아이처럼 속내를 드러낸다. 우매함이 드러나도 개의치 않고 소박하게 피어나는 아름다움을 향해 팔을 활짝 벌려 다가선다.

나는 춤을 모르는 무도회 손님 같다. 삶의 다양한 리듬에 맞추어 원숙한 춤을 추지 못한다. 매듭을 풀지 못한 엉킨 실타래처럼 발걸음이 꼬여 서투른 춤을 추며 리듬에서 벗어난다. 나는 삶이란 무도회에서 초대받지 않은 손님처럼 어색하기만 하다.

부채는 연극배우처럼 다채로운 모습을 펼쳐 보인다. 얼굴을 가리며 자신의 정체를 숨기고, 응징과 견책으로 내리치며 위엄을 과시하기도 하며, 원색의 부채를 펼치는 무녀의 염력으로 액을 쫓기도 한다. 부채는 펼치고 접히며 임시변통으로 위기의 소용돌이를 유유히 빠져나간다.

가림과 드러냄은 예술의 한 영역이다. 우아한 제스처와 단호한 지시를 번갈아 취하는 부채는 저마다의 품격을 드러낸다. 심오한 깊이를 더해주는 가림은 드러냄으로 새로운 국면을 열어 준다. 부채는 일관된 태도를 고수하며 융통성 없이 살기보다는 배려심은 고수한 채 흐름에 따라 유연하고 능숙한 게 살아가는 기지가 필요하다고 넌지시 전한다. 삶의 관록은 부채처럼 시시때때로 펼쳤다 접는 노련함에서 비롯된다.

접힌 시간 또한 나름의 깊이를 지닌다. 갇혀버린 소망은 시간의 더께 속에서 바람을 지탱하는 닻이 되어 주변을 감싼다. 모성이라는 본능은 가족, 이웃, 그리고 사회로 연결된 헌신이며, 사랑이 깃든 흔적이자 고유한 이야기가 된다. 한 가정의 삶의 균형은 사회의 바탕을 이루는 원동력이 된다.

주름진 인생은 처연하지만 하염직하다. 호기롭게 펼쳤던 인생은 아니지만, 골짜기와 솟은 마루를 오르내리며 나아감과 물러남을 반복한 시간이다. 접히는 시간을 견디며 아로새겨진 경험의 흔적은 삶의 결을 이룬다. 아코디언 바람통처럼 밝음과 어둠의 음을 반복할 수 있어서 감정의 변화를 조절하며 나아간다. 자연과 우주의 기운에 비밀리에 맞닿아 온갖 잡동사니의 파동에 휘말리면서도 고요함을 잃지 않는다. 삶의 유연성과 회복력은 곡절 많은 인생 경험을 통해 길러진다.

쥘부채는 미완성의 전망이다. 발아하지 않은 씨앗처럼 가능성을 품는다. 어느 부채나 펼치고 싶은 욕망이 생기지는 않는다. 상상력을 자극하며 관심을 가질만한 서광을 뿜어내야 누군가의 손길이 가닿는다.

손끝의 유도에 펼쳐진 부채는 한 폭의 그림처럼 매혹적이다. 섬세한 무늬와 부드러운 곡선은 시간의 결을 담아낸다. 삶, 자연, 우주의 기운이 부챗살 위로 전개된다. 단지 바람을 일으키는 도구가 아니라 고통과 성장이 살아 숨 쉬는 예술의 정수로 다가온다.

삶은 접힘과 펼침을 거듭하며 시간의 무게를 체감한다. 준비하고 실현하며 다시 물러서는 과정을 통해 자신만의 궤적을 남긴다. 감정의 주름이 깊어질수록 선명한 자취를 각인시킨다. 부채는 계속 펼쳐두고 있을 수 없다. 다시 접히며 수려한 풍경을 안으로 숨긴다. 줄 위를 걷는 어름사니처럼 부채를 접고 펼치는 유동적 리듬으로 삶의 위태로운 균형을 유지한다.

구덕운동장

경기장에 들어서자 마음이 먼저 트랙 위를 바람처럼 달려간다. 초록색 필드와 벽돌색 우레탄 트랙이 펼쳐진 그곳에서, 땅을 박차는 발끝의 기운이 온몸을 일깨운다. 징이 박힌 스파이크 운동화의 감각이 발끝에서부터 힘차게 전해진다. 균형을 잡고, 순식간에 멈추며, 추진력을 얻는 단거리 선수의 감각이다. 움츠러들던 삶의 추동력이 어느새 되살아난다.

관중의 환호와 열기로 달아올랐던 예전 구덕운동장의 감동이 밀려온다. 누를 중심으로 외야와 내야를 가르던 관중석의 함성이 다시 들려오는 듯하다. 뜨거운 햇살 아래, 전광판 숫자에 마음을 졸이며 경기를 지켜보던 짜릿함이 가슴을 뛰게 한다. 외야를 훌쩍 넘어 담장을 넘는 공과 함께, 관중의 들썩임이 고스란히 전해진다. 야구장에는 긴장과 흥분, 성공과 실패, 무수한 선택이 삶의 축소판처럼 펼쳐진다.

구덕운동장은 나에겐 특별한 감성 아카이브이다. 운동장이 협소했던 초등학교의 가을 운동회가 열렸고, 수영 강습을 받았으며, 육상 선수로서 100m 달리기 연습을 했던 기억의 창고이다. 서커스 공연장으로, 야구장의 함성으로, 어린이날 행사로 사람을 불러 모으며 나의 꿈과 추억이 교차했던 곳, 그곳은 1970년대의 나만의 복합 문화 공간이었다.

부모님은 동대신동 토박이시다. 이곳을 떠나서는 살 수 없는 듯, 한곳에서 평생을 사셨다. 구덕운동장, 구덕산, 구덕목욕탕, 이 모든 곳은 우리 가족의 삶을 대변해 주던 장소였다. 내 유년은 햇살이 넉넉한 마당처럼, 언제나 따스했다. 구덕운동장 바로 앞의 아파트에서 살며, 운동장을 마치 내 집 마당처럼 들락거렸고, 이후에는 구덕산 근처로 이사했다. 지금도 구덕운동장을 지나칠 때면, 추억 어린 감성이 익숙한 노래처럼 마음을 적신다.

유년의 묘한 설렘이 떠오른다. 비 오는 날, 유치원에 같이 다녔던 남자아이와 야구장을 떠돌아다녔던 기억이다. 우산도 없이 비닐봉지 하나씩 손에 들고, 운동장의 모래를 헤집으며 개미를 찾아다녔다. 누가 더 많이 개미를 주워 담는지 시합이라도 하듯, 말도 없이 땅을 파며 돌아다녔다. 하얀 봉지 속에서 꼬물거리던 개미들을 보물처럼 자랑하며 돌아온 기억이, 아침 이슬처럼 반짝인다. 땅속의 비밀을 찾아 나섰던 그 시간이, 나뭇잎 사이에 스며든 햇살처럼 빛난다.

서커스 공연이 펼쳐지던 날도 있었다. 어느 날, 유랑 서커스단이 구덕운동장에 찾아와 온 가족이 구경을 갔다. 커다란 텐트 안에 들어서자, 동물과 사람이 어우러져 다양한 기예를 펼치고 있었다. 공중을 날아오르는 곡예사의 유연한 몸짓, 불타는 원을 통과하는 아슬아슬한 순간, 광대의 우스꽝스러운 몸놀림에 우리는 손뼉을 치며 환호성을 질렀다. 마치 동화 속 한 장면처럼 떠오르는 그 순간은 경이로움 그 자체였다. 그런 장면을 정말로 보았다는 사실조차 믿기지 않을 만큼, 놀라움과 감동 속에서 세상의 모든 것이 아름답고 신비롭게만 보이던 시절이었다.

감동적인 영화처럼, 야구 경기가 전율을 일으키는 순간들이 있었다. 초등학교 시절, 아버지의 손을 잡고 남동생과 함께 고교 야구전을 보러 다녔다. 야구의 규칙도 잘 모르면서, 마운드에서 배트를 휘두르고 달려가는 모습을 보며 어렴풋이 규칙을 이해했다. 관중들을 헤집고 다니면서 "아이스케키!"를 외치던 상인들을 보면 아버지에게 사 달라고 조르기도 했다. 시원한 파열음과 함께 포물선을 그리며 날아가는 공, 누를 향해 전력으로 달려가는 선수들의 움직임에 관중의 함성이 하늘로 솟아올랐다. 그 열광은 결국 우리 집에서 또 한 명의 야구선수를 배출하며 달아올랐다. 스포츠의 활기가 우리 가족에게도 전해졌다.

남동생은 중학교에 진학하며 야구부에 들어갔다. 이전부터 아버지가 배트와 공, 글러브를 사주셔서 동생은 이미 야구에 익숙했었다. 동대신동은 야구장이 가까워서인지 야구로 유명한 중학교, 고등학교가 있었다. 당시 야구선수가 되려면 부모의 뒷바라지가 상당히 필요했기에, 아버지는 동생을 위해 아낌없는 지원과 헌신을 쏟으셨다.

1970년대는 부산 고교 야구의 황금기였다. 부산의 고교팀은 전국 대회에서 여러 차례 우승을 차지했고, 신기록을 세우며 최동원 같은 최우수 선수도 배출했다. 그런 사회적 분위기에 휩쓸려 아버지는 태산 같은 기대를 동생에게 걸었지만, 그 무거운 기대는 동생의 어깨를 짓누르며 점점 부담으로 다가갔다.

야구는 인생의 축소판이다. 흙과 잔디가 깔린 야구장에서 선수들은 공 하나에 모든 집중을 쏟아붓는다. 투수가 마운드 위에서 던지는 공 하나하나가 경기를 좌우한다. 상대 타자를 분석하고, 바람을 읽으며, 몸의 리듬을 조절한다. 타자는 주어진 기회를 잘 살려야 한다. 때론 공이 너무 빨라 헛스윙하기도 하고, 너무 느려 타이밍을 놓치기도 한다. 수비 역시 중요하다. 혼자만 잘해서 이길 수 없듯이 팀워크가 필요하다. 동료들이 잘해줘야 수비가 원활해지고, 그들의 실수를 보완해야 팀이 살아난다. 모든 공이 홈런이 될 수 없듯, 모든 선택이 완벽할 수는 없다.

동생의 야구 인생은 순탄하지만은 않았다. 푸른 꿈을 안고 혹독한 훈련도 견뎌냈지만, 대학교 졸업 후 야구선수로서 길을 접었다. 패배와 실수를 받아들이며 내려놓는 결정을 담담히 받아들일 수밖에 없었다. 아버지의 기대와 동생의 진로가 엇갈리며 갈등을 초래했지만, 동생은 현실에 적응하며 또 다른 삶의 궤적을 찾아갔다.

운동장은 성장과 도전의 공간이었다. 나는 큰 키 덕분에 학교 대표 달리기 선수로 발탁되어 잠시 100m 달리기 선수를 하며 초 단위 속도의 세계에 빠져들었고, 수영을 통해 지구력을 길러갔다. 지나친 승부 근성이 항상 좋은 것은 아니지만, 실패와 성공을 반복하는 경험을 통해 스포츠 기질이 어린 시절부터 자연스럽게 몸에 배었다. 웬만해선 쉽게 지치지 않는 땀방울이 빚어내는 에너지가 내 몸 어딘가에 깊숙이 박혀 있다. 오히려 승부 근성 하나만큼은 누구에게도 뒤지지 않는다는 점, 그것이 문제이긴 하다.

지금의 구덕운동장은 새로 생긴 종합운동장에 자리를 내주고 한산하기만 하다. 어린 시절 그곳은 사람들의 에너지가 모이고, 선수들의 움직임에 따라 관중이 기뻐하고 슬퍼하던 곳이었다. 응원의 목소리가 거대한 함성으로 합쳐질 때면, 무언가를 함께 이뤘다는 희열을 공유했던 기억이 아련하다. 이제는 전성기의 영광은 사라지고, 동네 학교 운동장처럼 주민들의 쉼터로 채워지고 있다.

거침없이 나아가며 환상을 품을 수 있었던 그 시절의 추억이 있어서, 그나마 다행이다. 부모님의 든든한 품 안에서 결핍 없이 누리기만 했던 인생의 단 한 시절, 그 시간은 꿈결처럼 아련하고 애틋하다. 아름답기만 했던 유년의 기억은 시간의 페달을 밟지 않고 그대로 멈춰 있는 듯하다. 초등학교 시절, 새벽에 스파이크 운동화를 신고 트랙을 달리던 그 힘찬 발걸음이 지금은 얼마나 되살아날 수 있을까. 바람을 가르던 새벽 공기의 감촉이 아직도 코끝을 맴돈다.

블랙 스완

 익숙한 선율은 어느새 하나의 장면을 불러낸다. 허리에서 짧게 퍼지는 흰 드레스를 입은 발레리나들이 우아하게 춤을 추며 무대 위를 회전하는 모습이다. 슬픈 운명을 예고하는 선율은 발레와 어우러져 비극적 사랑 이야기를 펼쳐낸다. 〈백조의 호수〉는 〈잠자는 숲속의 미녀〉, 〈호두까기 인형〉과 함께 차이코프스키의 3대 발레 음악이다.
 〈백조의 호수〉에서 마법사의 저주는 오직 진실한 사랑만이 풀 수 있다. 마법에 걸린 공주는 낮에는 백조로, 밤이 되면 사람의 모습으로 변한다. 사람으로 돌아온 공주를 본 왕자는 사랑에 빠지고, 용기를 내어 사랑을 이루려 한다. 하지만 악마의 계략으로 등장한 흑조가 왕자를 유혹하며, 결국 비극적 결말을 맞는다.
 순수함과 관능미, 두 극점을 오가는 발레리나의 연기는 섬세하고 깊은 감정의 결을 요구한다. 대런 아르노프스키 감독의 영화 〈블랙 스완〉은 발레극인 백조의 호수 주인공 자리를 두고 치열한 경쟁을 벌이는 발레리나, 니나의 복합적인 심리를 파고든다. 관능적인 흑조 역할을 위해 도발적인 행동을 시도하며 순종적인 이미지를 벗어나려는 니나의 몸부림은 치열함을 넘어 무모함에 이른다. 선과 악, 순수함과 유혹의 대립은 내면의 갈등을 포착해서 지난 삶을 돌아보게 했다.

 타인의 욕망에서 벗어나 자신만의 욕망을 찾아가는 과정은 처절하다. 니나의 엄마는 이루지 못한 발레리나로서 꿈을 딸에게 투사하며, 헌신이라는 이름으로 딸의 삶을 철저히 통제한다. 엄마의 집착과 광기 어린 비이성적 태도는 모든 것을 완벽하게 하려는 니나의 강박증과 맞물려 결국 파국으로 치닫게 한다.

 경쟁을 뚫고 〈블랙 스완〉의 주인공으로 발탁된 니나는, 관능적으로 유혹하는 흑조의 치명적 연기에 도달하지 못해 괴로워한다. 억압과 통제 속에 순응하며 살아온 니나는 흑조 역할을 완벽히 해내기 위해 파행적인 행동도 서슴지 않다가 마침내 엄마를 외면하기 시작한다.

 엄마의 욕망에서 벗어나자, 이번에는 발레단장 토마스의 욕망이 그녀를 기다린다. 그의 통제와 규율 역시 니나를 압박하고, 이로 인해 그녀는 자기 파멸의 환상 속에 사로잡혀 결국 죽음에 이른다.

 영화를 보고 나서 제일 먼저 떠오른 감정은, 부모로서의 죄책감이었다. 영화처럼 극단적인 상황은 아니지만, 한국의 입시 과정을 겪었던 부모로서 자식에게 품었던 기대와 뒷바라지는 결코 간과될 수는 없는 현실이었다. 아이들의 교육과 진로에 집착하면서 나의 삶이 대변되는 듯한 착각도 했다. 자식의 인성 또한 부모의 몫이란 생각에, 부모로서의 역할에 최선을 다한다는 핑계로 그들의 자율성을 온전히 허용하지 못했다. 나의 일과 삶은 아이들 일정에 맞춰 조정되며 축소되었고, 그것을 희생이라는 이름으로 감내했지만, 자식들에게는 사랑이 아닌 부담으로 다가갔을지도 모른다.

이제 성장한 아들들은 독립했지만, 나의 빈자리는 여전히 채워지지 않았다. 그들의 자립을 지켜보며 부모인 나도 조금씩 성숙해졌지만, 내 삶은 가족 누군가의 성취로 대변될 수 없었다. 자신의 욕망은 타인의 욕망으로 대체되지 않기에, 늘 허전함으로 남았다.

있는 그대로의 나를 들여다본다. 크게 벗어나지도 않고, 특별히 도드라지지도 않는다. 한때는 선명한 색을 가졌던 때도 있었지만, 지금은 무채색에 머물러 있다. 빨강, 노랑, 파란색으로 부각되며 색채감이 더해질 때마다 검정과 흰색이 덧발려 바탕색에 그쳤다. 자신을 사로잡는 욕망이 일어날 때마다 뒷걸음치며 현실의 안위를 우선했다. 주어진 역할에 순응하며 살아온 삶이었다.

근원적 욕망을 찾아가는 일은 늘 혼란스럽다. 타인의 시선에서 완전히 벗어날 수 없는 현실 속에서 자기만의 삶을 구현하려면, 선입견과 고정 관념 같은 수많은 벽을 넘어야 한다. 혼자서는 자아의 정체성을 온전히 확보할 수 없어 사회적 연대의 일원이 되지만, 욕망을 찾아갈수록 타자의 욕망에서 벗어나지 못하는 아이러니한 상황에 놓이게 된다. 복잡하게 얽힌 관계망에 적응하다 보면, 어느새 규범과 질서 속에 파묻혀 본래의 자신을 잃게 된다.

가끔은 모든 틀을 훌훌 벗어던지고 제멋대로 살고 싶은 욕망이 꿈틀대기도 한다.

현실 속에서 타자의 욕망에 무관할 수 있을까? 그것은 불가능하다. 딜레마가 반복되고, 틈이 발생하며 혼란이 가중된다. 삶의 주인이 되어야 풀리는 난제이다. 자신이 추구하는 분야에 몰두하고 직면한다는 것은 내면적 목소리에 귀를 기울이는 과정이지만, 타인의 잣대에서 완전히 벗어나기는 어렵다. 타인이 아닌 나만의 문을 찾기 위해 고군분투하는 과정은 외롭고 고독하다. 욕망이 생겨나니 난제도 산적해 있다.

이제는 이기적 욕망의 집착에서 벗어나 흐르는 대로 내버려두고자 한다. 소소한 삶 하나하나가 존재할 가치가 있다고 여기며 마음을 비우고 또 비운다. 희로애락에 휘둘리지 않고 무덤덤히 바라보며, 자신의 감정을 저 멀리 툭 던져둔다. 사회가 규정한 틀 안에서도 자신을 규정짓지 않는다. 시간의 흐름 속에 잘 견뎌온 나의 삶이 그럭저럭 호방하다고 스스로 위안한다.

차이코프스키의 〈백조의 호수〉, 그 마지막 악장은 비장하다. 비극을 가로질러 희망으로 나아가는 선율은, 듣는 이에게 깊은 카타르시스를 안긴다. 영화 속 발레단 단장은 니나에게 이 말을 반복한다. "Lose yourself", "Let it go." 자신의 감정을 억누르지 말고, 자연스럽게 흘러가도록 내보내라는 뜻이다. 타인의 욕망에 휘둘리지 않으려면, 내면의 소리에 마음을 기울이고 자신의 감정에 솔직하게 반응해야 한다. 흰 백조와 검은 백조 사이를 오가며,

있는 그대로의 나를 받아들이는 마음으로 〈백조의 호수〉 마지막 악장을 거듭 듣는다.

기억의 끝에서, 엄마

바닥에 엎드려 들어 올린 손끝에 가신 이의 염원을 담는다. 스님의 독송과 목탁 소리에 맞춰, 윤회의 고통에서 벗어나 좋은 곳으로 건너가길 바라며 무릎을 꿇고 연신 절을 올린다. 법음처럼 울려 퍼지는 징과 북소리는 망자의 길을 밝히고, 중생의 마음을 맑게 일깨운다. 생사의 고해를 벗어나 해탈과 열반에 이르기를 기도하며, 고인을 떠올린다.

법당 안은 열기로 가득했다. 8월 초순의 무더위도 있지만, 돌아가신 분의 극락왕생을 염원하는 기도의 열의가 간절해서 공기마저 달아올랐다. 망자의 영혼이 미련이나 집착으로 이승을 떠돌까 염려되어, 무사히 저승으로 가길 기도하는 천도재에 참석했다. 돌아가신 부모님의 영가를 달래는 이 의식은 7주 동안 매주 금요일마다 열렸다. 절을 올리는 사람들의 표정에는 장엄한 책무감이 엄숙하게 배어 있었다.

애달팠던 엄마의 삶은 떠올릴 때마다 가슴이 저려 온다. 의식이 흐릿한 채, 여생을 누릴 겨를도 없이 타인의 삶처럼 하루하루를 견디다 돌아가셨다. 치매를 앓다 떠나신 엄마의 활짝 웃는 영정 사진은, 생전의 힘겨웠던 시간을 모두 잊은 듯 평온해 보였다. 육신을 떠난 저세상의 삶이 자유롭기를, 더 이상 아픔도 슬픔도 없는 곳에서 편히 쉬시길 바라며 기도를 올렸다.

어느 날, 언니에게서 다급한 전화가 걸려 왔다. "어떡하니? 엄마가 치매 진단을 받았어." 전화기 너머로 전해지는 암울한 목소리는 앞으로 닥칠 고통을 예감하게 했다. 전화를 끊고 그야말로 털썩 주저앉아 엉엉 소리 내어 울었다. 일을 핑계로, 아이들을 키운다는 이유로, 서울에 산다는 거리감으로 엄마를 자주 찾아뵙지 못했다. 기억을 잃어가는 엄마는 점점 예전의 모습을 잃어가고 있었다. 건강하실 때 더 많은 추억을 나누지 못한 것이 가슴 아프고 죄스러웠다.

엄마는 겉보기엔 여전히 건강하셨고, 고우셨다. 60대 중반이라는 다소 이른 나이에 건망증이 심해지기 시작했고, 단기 기억이 점차 흐려졌다. 급기야 자주 들르는 언니 집 근처까지 택시를 타고 가면서 "여긴 처음 와보네."라며 뜬금없는 말을 하셨다. 또 늘 지갑을 뒤지면 물건이 없다고 당황하셨다. 그러면서도 "내가 왜 이러지?"라며 자신을 탓할 정도의 지각은, 초기에는 갖고 계셨다. 그때는 잊어버려도 금방 현실로 되돌아왔기에, 우리는 화이트보드와 수첩을 준비해 모든 것을 메모하라고 당부했다. 하지만 치매는 그렇게 해결될 수 있는 문제가 아니었고, 운명의 가혹한 장난 같았다.

엄마의 증세는 건강한 육체만큼이나 빨리 진행되어 현실로 받아들이기 힘들 정도였다. 엄마는 연세에 비해 타고난 고운 피붓결 덕에 젊어 보이셨다. 게다가 정장 차림에 힐까지 챙겨 신으실 만큼 감각도 뛰어난 멋쟁이셨다. 당뇨 외에는 별다른 지병도 없이 활동적이셨지만, 건강한 몸이 뇌의 퇴행을 막아주지는 못했다.

언니의 다급한 전화가 계속 걸려 왔다. "엄마가 현관문을 열고 나가셨어. 경찰서에 신고하고 아버지랑 찾아다니고 있는데, 무슨 일이라도 나면 어쩌니?" 그날의 돌발적인 외출 이후, 우리는 집 안에서도 이중 잠금이 가능한 현관문 열쇠로 교체했다. 서울에 살던 나는 아무런 도움도 줄 수 없어, 그저 언니와 남동생의 하소연에 탄식만 되풀이하며, 통탄하는 마음으로 전화를 받아줄 수밖에 없었다. 지금에 와서 돌이켜 보니, 그때 나는 수시로 내려갔어야 했다.

사람의 기억은 참으로 모호하다. 엄마는 최근의 기억은 잃어가면서도, 30여 년 전의 일은 선명히 기억하셨다. 치매 진단 이후에는 정기적으로 신경과 진료를 받으셨다. 진료실에서 선생님과 상담을 나누며, 우리가 미처 몰랐던 엄마의 까마득한 내면도 조금씩 드러났다. "오늘 참 우울하다. 상담 중에 엄마가 이런 말씀도 하시네. 알고 싶지 않았는데…" 전화기 너머 언니의 목소리가 들려왔다. 엄마는 평생 마음속에 묻어두었던 트라우마와 상처를 여전히 간직하고 계셨다. 일상의 좋은 기억들은 희미해졌지만, 아물지 않은 삶의 멍울만은 또렷이 남아 있었다.

저 깊은 근원의 아픔은 치매조차 지우지 못했다. 어쩌면 삶이란 그런 것일까. 한평생 가슴에 맺힌 한이었던, 독신인 아들의 결혼 문제는 돌아가실 때까지 붙들고 계셨다. 모든 기억이 희미해져 딸도, 남편도 알아보지 못했지만, 돌아가시기 직전까지도 "우리 아들 결혼해야 하는데…." 하고 뜬금없이 중얼거리셨다. 정신이 흐려졌어도 막내아들만은 여전히 엄마에게 가슴 아픈 손가락이었다.

이른 나이에 엄마가 치매에 걸린 요인은 무엇이었을까? 의사는 여러 가지 원인이 있지만, 단언할 수는 없다고 했다. 엄마는 집안일에 철저하셨다. 매일 아침, 집 안의 창문을 활짝 열고 청소하는 일로 하루를 시작하셨다. 청소기를 돌리고 바닥에 엎드려 걸레질하는 일은, 아침을 여는 수행자처럼 해내셨고, 새로운 반찬을 요리해 푸짐한 아침상을 차리는 일도 하나의 의식처럼 반복하셨다. 신선한 식재료를 사기 위해 매일같이 장을 보고 냉장고를 채우는 일 역시, 엄마에게는 어김없는 오후의 일과였다. 아버지의 잔소리를 피하기 위해, 엄마는 집 안 곳곳을 살피며 바삐 움직이셨다. 그런 정성을 매번 받아온 아버지는 그것을 당연하게 여기셨을 테지만, 그 모든 아버지의 테두리가 엄마에게는 조여오는 굴레처럼 버겁게 느껴졌을 것만 같다.

엄마는 아버지의 눈빛 하나에도 민감하게 반응하셨다. 아버지는 우리 집의 엄격한 규율이자, 절대로 거스를 수 없는 존재였다. 다소 낭만적이고 멋스러운 삶을 동경하시던 엄마에게 무뚝뚝하고 가부장적인 태도로 지시만 내리시던 아버지는 오래도록 부담스럽고 버거운 존재였을 것이다.

  부부간의 정은 자식이 봐선 도무지 알 수 없다. 엄마의 치매 판정 직후, 언니와 나는 엄마를 모시고 후쿠오카로 여행을 떠났다. 아직은 일상생활에 큰 불편이 없던 시기였지만, 엄마는 자주 지갑이 없다고 불안해하며 가방을 뒤지셨다. 여행지를 돌아다니며 맛있는 음식을 먹을 때마다 엄마는 늘 아버지를 먼저 떠올리셨다. 전화로 아버지께 안부 인사를 전하던 목소리에는 예전처럼 불만을 털어놓던 시무룩하고 못마땅한 기색이 없었다. 행복한 미소로 연신 웃으시며 여행 이야기를 전했고, 아버지의 식사를 살뜰히 염려하셨다. 엄마의 마음속에 남은 건 이성보다 더 오래된 감정의 본능이었다. 결국 엄마는 아버지의 다정함을 기다리고 계셨던 것이고, 애정은 사라진 게 아니었다. 그때는 농담처럼 "우리 엄마가 아버지를 너무 좋아하시네."라며 언니와 함께 웃어넘겼다.

  오래된 사진첩을 넘기듯, 기억 속 장면들이 스쳐 지나간다. 아픈 엄마를 보러 집에 가면, 병원에서 처방한 약 때문인지 늘 주무셨다. 그럼에도, 그때는 나를 조금이라도 기억하셨는지 "네가 왔는데 자꾸 자서 미안하네. 뭐 맛있는 거 만들어 줄까?" 하시며 어설픈 미소를 띠셨다. 요리하는 법도 다 잃어버리신 엄마는 그런 상황에서도 자식에게 뭔가 해 줘야 한다는 의무감을 지우지 못하셨다. 자신조차 어찌하지 못하며 무언가를 잃어가는 연약한 엄마가, 사뭇 애처로울 뿐이었다.

치매가 진행되면서, 엄마를 돌보는 일은 우리 힘만으로 감당하기 어려웠다. 엄마를 돌보시던 아버지도 더는 혼자서 감당할 수 없었고, 우리 역시 달리 방법이 없어 결국 엄마는 요양병원에 가셨다. 장기 기능이 저하되어 음식물 섭취가 어려워지자, 호스에 의지해 연명하시다 어느 날 새벽 조용히 소천하셨다.

자식으로서 부모의 마지막 여생에 최선을 다하지 못했다는 죄스러운 마음이 마음 한편에 자리한다. 멋진 차림의 건강한 엄마 모습보다, 요양원에서 기억과 정신을 잃고 무표정하게 앉아 계시던 모습이 더 선명하다. 딴 세상 사람 같던 엄마의 손을 잡고 소통되지 않던 말을 건네던 그 기억 속에서, 삶의 무상함이 깊이 다가온다.

엄마는 여자로서의 감각을 즐기시던 분이었다. 두 딸을 시집보낸 뒤에는 한껏 멋을 부리며 홀가분하게 여행을 다니고, 자신만의 시간을 즐기던 시절도 잠시 있었다. 이제야 실감한다. 그녀도 처음부터 '엄마'였던 것이 아니라, 많은 욕망을 품고 실현하고 싶었던 한 여자였음을.

이제 내가 그 나이에 가까워지고 있다. 명절이면 사위, 딸, 손주들을 위해 정성껏 음식을 차려 놓고, 대문 밖에서 우리를 기다리시던 엄마의 모습이 떠오른다. 나는 아직도 못다 이룬 꿈을 좇으며 새로운 세상을 바라보는데, 그 시절, 마치 꿈속에서 길을 잃은 듯 막막했을 엄마의 심정은 어땠을까?

스님의 목탁 소리에 따라 절하며 고인의 명복을 빌었다. 염력으로나마 엄마의 영혼이 맑아져 극락왕생하길 바라며, 천도재를 마무리했다. 태어남은 한 조각 뜬구름이 생기는 것과 같고, 죽음은 한 조각 뜬구름이 사라지는 것과 같다고 한다. 구름이 본래 없었던 것이 아니듯, 삶과 죽음 또한 어디에 있는지를 되묻는 것이 천도재의 가르침이었다. 떠난 이를 위한 의식은, 결국 남아 있는 나를 위로하고 있었다.

특별한 소통

"어디야? 왜 아직도 안 들어오니?"

큰아들이 고등학교 2학년 때였다. 귀가 시간이 한참 지났는데도 집에 오지 않아 걱정스러웠다. 무난하고 성실하며, 속 썩인 적이 없었던 아이라 무슨 일인가 싶었다. 분초를 다투며 입시 공부에 매진하던 아들이 느닷없이 친구 집에서 고양이와 놀고 있다고 했다. 고양이라니, 어이가 없었다. 뜬금없었지만, 한편으론 아들의 마음이 헤아려졌다. 입시 스트레스와 각박한 현실 속에서, 마음을 어루만져 줄 무언가를 찾고 있었던 것이다. 일탈 대신 스스로 위안을 찾고 있었다는 점에서 오히려 다행이라 여겨졌다.

민감하고 세심한 성격의 작은아들도 반려동물을 키우자며 졸라댔다. 자신만의 논리로 세상을 해석하고, 정체성을 찾기 위해 고심하던 둘째는 통과의례처럼 힘겨운 사춘기를 겪고 있었다. 장난기 가득한 얼굴로 개구진 행동을 곧잘 하던 둘째는, 성장과 혼란이 뒤섞인 채 모든 것이 못마땅하다는 듯 뾰로통한 표정을 짓곤 했다. 그럼에도 반려동물 이야기를 할 때만큼은 내면의 소용돌이에서 벗어난 듯, 환한 얼굴로 수다스럽게 관련 정보를 쏟아냈다.

따뜻한 감성으로 집안을 채워줄 대상이 필요한 시점이었다. 나는 강아지나 고양이를 무서워해 동물을 키운다는 건 한 번도 생각해 본 적이 없었다. 한집에서 반려동물과 함께 살아간다는 것이 그저 낯설고, 의문스러웠다. 자식 앞에서는 늘 백기를 드는 나인지라, 결국 입양을 결심하게 되었다. 그래도 고양이보다는 강아지가 낫겠다 싶어 큰아들을 설득했다.

크리스마스이브, 온 가족이 강아지를 입양하러 모란 시장 근처 애완동물 가게로 향했다. 잘게 찢은 신문지 위에서 폴짝폴짝 뛰며 사람들을 반기기도 하고, 경계 어린 눈빛으로 소심하게 바라보거나, 기척도 없이 잠든 강아지들이 철제 울타리 안에 갇혀 있었다. 그중 유독 눈에 띈 건, 발랄하고 애교 많은 곱슬곱슬한 갈색 푸들이었다. 태어난 지 두 달, 손바닥만 한 작은 강아지였다. 눈과 코가 까맣고 앙증맞은 그 아이는 그렇게 크리스마스 선물이 되었고, '깜장 콩 몽실이'라는 이름을 갖게 되었다.

몽실이는 우리 집에서 감초 역할을 톡톡히 해냈다. 아들들만 있는 가정이라, 아기자기하고 붙임성 있는 딸들이 만들어 내는 다정한 풍경을 누릴 수 없었다. 사춘기 이후 각자의 우주를 만들어 가는 아들들 덕에, 그 빈자리를 채우기 위해 늘 내가 가족의 분위기를 띄우는 감초 노릇을 도맡아야 했다. 그런 내 곁에서 몽실이는 특유의 밝은 기운으로 살뜰한 온기를 더해 주었다.

이제 가족을 불러 모으는 중심에는 몽실이가 있다. 180cm가 훌쩍 넘는 큰 덩치의 세 남자가 자발적으로 모여 수다를 떨기 시작했다. 부스럭대는 몽실이 소리에, 새벽이든 밤늦은 시간이든 한 자리에 모여, 강아지를 어떻게 돌볼지 머리를 맞대고 대안을 내놓았다. 신줏단지 모시듯, 몽실이는 우리 중 누군가의 품에 안겨 집안을 이동했다. 병원에 예방접종이라도 하러 가는 날이면 온 가족이 들썩였고, 마치 대단한 외출이라도 하는 듯 소란스러웠다. 목욕이라도 시키는 날엔 사진을 찍고 동영상을 촬영하며, 꿈틀이처럼 움직이는 몽실이의 모습에 온갖 호들갑을 떨었다. 강아지는 집안 곳곳에 생기를 불어넣고, 활기찬 웃음을 채우며, 유년 시절의 밝았던 아들들의 모습과 화목한 가족 풍경을 되살려주었다.

 강아지가 슬픔을 토해내듯 우는 소리에 놀란 적이 있다. 가족이 장기 여행을 떠나며 애견 호텔에 몽실이를 2주쯤 맡긴 적이 있었다. 그때까지만 해도 강아지의 정서를 제대로 이해하지 못했다. 여행 후, 몽실이를 데리러 가니, 품에 안긴 몽실이는 설움에 복받친 듯 30분 넘게 울어댔다. 강아지가 이렇게까지 서러워할 줄은 몰랐다. 가족이라 믿었던 주인이 너무 오랫동안 자신을 떼어놓고 떠난 것이 두려웠던 것이다. 두 아들이 군대에 간 뒤, 휴가를 나와 집에 들어설 때도 몽실이는 똑같이 반응했다. 군복을 입은 아들이 현관문을 열고 들어와 군화를 벗으려는 순간, 몽실이는 목이 메는 울음을 쏟아냈다.

 애견은 견주의 감정 변화에 민감하게 반응한다. 견주가 아파서 누워 있으면 강아지도 곁에서 꼼짝하지 않다가, 몸을 일으켜 움직이면 그제야 인형이나 공을 물어와 놀아 달라고 조른다. 불만이 있을 때는 배변판이 아닌 엉뚱한 곳에 소변을 누며, 자신의 욕구를 알아달라는 신호를 보낸다. 견주와 애견은 눈빛과 몸짓으로 교감하며 깊은 유대감을 쌓아간다.

견주는 수의사와 미용사 역할도 겸한다. 동물 병원과 애견샵에서 배운 눈썰미 덕분이다. 필요한 약과 처치 용품을 갖추고 나는 의사, 남편은 간호사가 되어 각자의 임무를 수행한다. 어설펐던 컷팅 솜씨도 점차 틀을 잡아가며, 미용실에 가는 강아지의 스트레스도 덜어주고 있다. 대행 역할 덕에 비싼 경비를 줄이고, 효과도 나쁘지 않아 나름 만족하지만, 그래도 전문가의 손길이 필요한 순간이 있다는 걸 안다. 보험이 되지 않아 병원에 갈 때마다 치료비에 가슴이 조마조마하지만, 어쩔 수 없는 일이다.

대체 불가한 행복을 주지만, 반려동물을 키우는 데는 그만큼의 대가가 따른다. 대소변 가리기부터 생활 습관에 길들여지기까지 오랜 시간이 걸린다. 가족의 일상에 녹아들어 시간의 흐름을 함께하기까지 수많은 시행착오와 인내가 뒤따른다. 긴 시간을 걸쳐 반려동물과 가족은 서로의 언어를 이해하고, 쌍방의 요구에 익숙해진다.

반려동물에게 가족은 유일한 우주가 된다. 시곗바늘이 원운동을 하듯, 하루하루 반복되는 가족의 일상에 길들여져서, 평온함과 안정을 유지한다. 변화를 두려워하는 강아지에게 단조로움은 권태가 아니라 오히려 행복이다. 반려동물은 상대를 있는 그대로 받아들이며, 자신을 바꾸려고 하지 않는다. 그들에게 익숙해진다는 것은 곧 능숙해진다는 의미이다.

견주는 반려동물을 통해 돌봄의 의미를 확장해 간다. 사람과 동물을 구분 짓는 이분법적 시선에서 벗어나, 하나의 생명체로서 함께 살아가는 존재로 받아들이게 된다. 애견은 견주를 전적으로 의지하고 따르며, 견주는 그 신뢰에 부응해 독보적인 책임감을 짊어진다. 그 과정에서 생명의 존귀함을 새삼 깨닫고, 미생물에서부터 대자연에 이르기까지 생명의 순환과 조화를 이해하게 된다. 자연과 동물로부터 받은 혜택에 감사하며, 모든 생명체의 삶을 존중하는 태도 또한 자연스럽게 스며든다.

복슬복슬한 솜뭉치 같은 몽실이의 발걸음마다 집 안에 훈기가 번져간다. '깜장 콩 세 알'이 박힌 듯한 얼굴로 빤히 쳐다보면, 무표정하던 내 얼굴에도 절로 미소가 번진다. 마주친 시선에 온몸을 좌우로 흔들고, 꼬리까지 요동치며 한걸음에 달려오는 모습을 보면, 나도 모르게 강아지를 향한 혼잣말이 튀어나온다. 삶의 원동력이 아들에서 강아지로 옮겨가며, 몽실이는 어느새 아들의 빈자리를 채워주고 있다.

정적을 깨고 활력을 불어넣는 몽실이를 보며, 문득 아들들 근황이 궁금해진다. 다사다망한 아들들은 바쁜지 한동안 연락이 없었다. 묵묵히 자기 일에 매진하는 모습이 든든하면서도, 살짝 섭섭한 마음이 드는 것도 사실이다. 역시 아들들은 무뚝뚝하다. 딸들처럼 사근사근하지 않지만, 별일 없는 게 다행이라 여기며 마음을 다독인다. 그들의 소식이 궁금해질 때면, 몽실이 사진이나 동영상을 톡방에 툭 던져 놓는다. 잠시 후, 낚싯밥에 걸린 물고기처럼 응답이 메아리치듯 이어지고, "카톡, 카톡" 소리가 울린다. 건조했던 대화는 어느새 오순도순한 이야기로 이어지고, 서로의 안부가 오간다.

 반려동물은 가족 사이의 틈을 부드럽게 메워주는 윤활유와 같다. 서먹해진 관계에 정서적 온기를 불어넣고, 특별한 애착과 끈끈한 유대감을 이어주는 매개체가 된다. 우리 몽실이는 떨어져 지내는 가족 간에도 특별한 소통을 가능하게 해주는 소중한 연결고리다.

아들아! 결혼할 수 있을까?

"너 정말 결혼할 거야? 잘 생각해 봐."

결혼을 앞두고 친정엄마는 다그치듯 말하며 거듭 재고를 권했다. 남편은 외아들이었고, 삼대째 기제사를 모시는 종갓집의 장손이었다. 그 시절, 나는 미래에 대한 꿈에 집착하며 자신만의 삶을 고집하던 때였다. 엄마는 그런 나를 생뚱맞다는 듯 바라보며 회유하려 애썼다. 남편의 무엇이 그토록 나를 승복하게 했는지, 결국 나는 종갓집 외며느리의 삶으로 덜컥 걸어 들어갔다.

맞지 않는 삶과 비껴가는 꿈에 허탈해하며 인고의 세월을 보냈다. 보수적인 가부장적 틀에 자신을 맞추다 보니 어느덧 30여 년이 흘렀고, 제사 절차에도 익숙해졌다. 상대적 박탈감에 시달리면서도, 시어머니의 매서운 기준에 점차 길들여진 시간이었다.

요즘 들어 차례를 지낼 때마다 아들들의 행동이 못마땅했다. 시어머니가 돌아가신 후, 친척들은 각자 자기 집에서 차례를 지내기로 했다. 간소해진 절차임에도 불구하고, 산수화풍 병풍을 배경으로 차려진 차례상 앞에서 절하는 아들들의 표정은 시큰둥하고 떨떠름했다. 남편과 나는 좀 더 성의 있게 지내라며 나무랐다. 바쁜 일상 속에 집에 온 두 아들들에겐 명절 휴가는 소중한 시간이었다. 큰아들이 슬쩍 한마디 던졌다. "요즘 세상에 병풍 펴고 절하는 게 누구를 위한 건지 모르겠어요. 친구들은 다들 안 지내던데."

생전에 시어머니의 기제사와 차례 준비는 늘 숙연하고 지엄했다. 불평 한 마디 없이 묵묵히 감당하셨다. 다가오는 제사를 대비해 3주 전부터 생선을 사다가 베란다에 널어 말리셨고, 2주 전에는 김치 두 가지를 맛깔스럽게 담그셨다. 갑오징어, 홍합, 고동, 상어고기 등을 사서 손질해 냉동실에 보관하고, 새우는 미리 손질한 뒤 튀김 옷을 입혀 얼려 두셨다. 천상의 소명처럼 정성을 다해 차려내던 시어머니의 격조 있는 상차림은, 나에게 보란 듯이 세심하게 준비되었다.

잦은 제사의 절차는 내 시간과 꿈을 잠식해 갔다. 토막 난 시간의 유효기간은 한시적일 수밖에 없었다. 부산에 계신 시어머니는 서울의 우리 집에 제기와 제사상, 병풍까지 따로 마련해 보내주셨다. 명절 차례와 증조할아버지 제사만 부산에서 지내고, 나머지 기제사는 서울에서 우리가 직접 지내라고 하셨다. 기제사 때마다 서울에 오시는 시어머니는 시험 감독관처럼 집 안을 두루 살피며 제사 준비에 꼼꼼히 관여하셨다.

시댁에서 증조할아버지의 제사는 각별했다. 위상이 남달랐기에 그때마다 많은 친척들이 모여들었다. 아이들이 중학교에 들어가기 전까지는, 그 제사를 위해 체험학습 신청서를 내고 2~3일씩

학교를 결석하며 부산으로 내려가곤 했다. 지금이라면 상상도 할 수 없는 일이었지만, 그 시절의 나는 달리 어쩔 도리가 없었다.

명절마다 서울과 부산을 오가는 일은 전쟁 같았다. 매번 새벽 4시에 출발했고, 남편과 아이들 일정이 맞지 않으면 새벽 두 시에 출발하기도 했다. 시어머니 혼자 계신 시댁에 도착하면, 잠도 제대로 자지 못한 채 곧장 차례 음식을 준비했다. 종갓집 며느리라는 업에 스스로를 다잡지 않으면 시어머니의 싸늘한 눈총을 감내해야 했기에 재빠르게 손을 놀렸다.

오랜 세월 반복된 절차 덕분에, 장인의 손길이 부럽지 않을 만큼 내 손도 능숙해졌다. 요령껏 단계별로 장보고 손질하며 시간을 아꼈고, 익숙한 손끝에서 차려진 음식들은 제법 근사해졌다. 과도한 짐처럼 어깨를 짓누르던 제사 준비는 어느새 일상에 스며들었고, 나물과 생선, 산적, 전 그리고 탕국 같은 명절 음식도 이젠 특식처럼 즐기게 되었다.

오랜 세월 이어져 온 차례와 제사의 유래를 생각해 본다. 원래 차례는 '다례'라고 하여, 돌아가신 조상에게 감사와 추모의 뜻으로 차를 올리는 예라고 스님은 말씀하셨다. 그래서 차례는 제사와 달리 형식과 시간에 얽매이지 않고, 묵념의 의미로 상황에 맞게 조상을 기리면 된다고 한다. 제사 또한 조선 시대 양반 가문에서 후손의 신분을 과시하고자 생긴 의례로 정석은 따로 없다고 한다. 시어머니는 늘 '양반의 핏줄'임을 강조하시며, 제사와 차례 상 차림을 통해 종갓집의 위엄을 드러내고자 하셨다.

무조건 답습하는 시대를 지나 조율이 필요한 시기에, 제사의 주도권이 내게로 넘어왔다. 나는 올해까지 격식을 갖춘 차례를 지낼 테니, 이번 추석엔 다 같이 성묘하고 정성껏 예를 올리자고 아들들에게 말했다. 최상의 재료로 음식을 마련해 즐거운 잔치처럼 상을 차렸다. 삼발대에 카메라를 설치해 절차를 녹화하며, 마지막 명절 차례를 차분히 마무리했다. 30년간 이어진 명절 차례는, 기록이라는 영원의 이야기 속에 마지막 장을 남기고 그렇게 끝을 맺었다.

종갓집 며느리라는 업 또한 변화가 요구되는 시대가 되었다. 기제사도 많이 축소했다. 큰아들은 작년부터 계속 묻는다. "엄마, 언제까지 차례와 제사 지낼 거예요?" 여자 친구를 배려하는 말임을 나는 알아챈다. 효자로서 장손의 역할에 충실했던 남편과, 여자 친구의 편의를 생각하는 아들을 비교해 본다. 엄마로서 섭섭할 때도 있지만, 아들의 입장도 시대 흐름에 맞다는 것을 이해한다. 남편도 아들처럼 그렇게 했더라면 하는 아쉬움이 남지만, 그때는 그랬다.

어느새 30년의 세월은 나를 무디게 만들었다. 결혼 후 첫 10년은 얽매이는 생활에 적응하지 못해 늘 빠져나갈 궁리만 했고, 20년째에는 숙명처럼 받아들이면서도 시어머니와의 조율 속에 긴장하며 대치했다. 30년이 지난 지금, 시대의 흐름을 외면할 수 없는 전환의 갈림길에 서 있다. 차례도 점차 형식보다 가족 간의 유대감에 더 큰 비중을 두는 방식으로 바뀌고 있다.

이제 큰아들도 결혼할 나이가 되었다. 미래의 며느리가 제사와 차례 때문에 눈치를 보며 일을 소홀히 하는 상황은 곤란하다는 생각이 든다. 고속도로 정체를 피하기 위해서도, 며느리 인생도 우리 아들만큼 중요하다는 사실을 인정하기 위해서도, 남편과의 조율이 필요했다. 남편과 나는 편한 시간에 산소에 가서 벌초하며 추모의 시간을 갖고, 명절은 이제 융통성 있게 자율적으로 보내자고 마음을 모았다.
　명절 연휴가 부담이 아닌, 긴 휴식처럼 다가오기를 바란다. 돌고 도는 바퀴 같은 일상 속에서, 젊은 아들들만큼은 진정한 황금연휴를 누리길 바란다.

50, 다시 들리는 목소리

"도슨트 지원하셨죠? 면접 보러 오세요."

무료한 오후 한 통의 전화가 걸려 왔다. 세상의 쓸모 있음에 목말라하며 구인 광고를 뒤지던 나는, 도슨트 구인 공지를 보고 혹시나 하는 마음에 지원서를 냈다. 비정규직에 낮은 임금임에도 지원 조건은 꽤나 까다로웠지만, 업무 환경이 마음에 들었고 나이 제한이 없었다.

영어를 가르쳤고, 영어 문화해설사 과정을 이수했으며, 전시 기획도 공부한 경험이 있어서, 도슨트 경력은 없지만 잘할 수 있을 것 같았다. 전시 내용을 영어로 작성해서 외우는 정도는 무리 없었다. 긴 공백에도 불구하고 영어를 어떻게든 활용하고 싶어, 새로운 분야에 과감히 도전장을 내밀었다.

면접 장소에 도착하니, 자식들 또래인 풋풋한 지원자들이 새초롬한 표정으로 힐끗 쳐다보았다. 취업이 어려운 현실 탓에 단기 계약직임에도 간절한 욕망이 눈빛에 서려 있었다. 순간, 내가 잘못 온 게 아닌가 하는 생각이 들었다. 젊은 세대의 영역을 넘보며 어울리지 않는 자리를 욕망하는 중년 여성처럼, 그들의 시선에 고개를 숙였다. 사회는 언제나 중년 여성의 욕망에 인색했다.

드디어 면접이 시작되었다. 다양한 연령층의 면접관 여섯 명이 자리에 앉아 있었다. 면접관들은 문화원 전반에 관한 질문을 쏟아냈다. 나는 의도하지 않았지만, 순간 저돌적인 태도로 지원자들과 경쟁하듯 안간힘을 다해 또박또박 대답했다. 홈페이지를 통해 세심히 조사하고 암기한 덕분인지 답변이 술술 흘러나왔다. 누가 보면 정규직 채용 현장인 듯, 자신을 능숙하게 연출하며 당당함을 내세웠다.

면접 후, 어수선한 허탈감이 밀려왔다. 심심한 일상에 뭐든 해보자는 마음으로 갔는데, 너무 적극적으로 매달려 내가 봐도 뜬금없었다. 면접 장면이 머릿속을 맴돌며 얼굴이 화끈거렸다. 씁쓸한 낙담 속에 뜻밖의 합격 전화를 받았다. 출근 일정을 조율하며 소소한 기대감에 가슴이 설렜다. 그래도 나를 불러주는 곳이 있어 다행이라고 여기며, 새로운 기회에 희망을 걸었다.

들뜬 마음으로 출근을 기다렸다. 남이 보기엔 대단한 일이 아닐지 몰라도, 무료한 코로나 시기에 새로운 일을 경험할 수 있다는 것만으로도 마음이 들떴다. 시작 전부터 영어 말하기 연습을 부지런히 하고, 관련 자료도 모으며 만반의 준비를 갖추었다. 나이에 대한 핸디캡을 극복하기 위해 누구에게나 싹싹하게 인사하고, 정중하게 응대하기로 마음먹었다.

기대와는 달리, 출근길의 첫날부터 나는 이방인이었다. 임시직이라 출입증 카드조차 지급되지 않아, 직원 전용 출입구가 아닌 관람객 출구를 이용해야 했다. 오픈 전이라 문은 잠겨 있었고, 30

대 보안 직원은 다른 곳을 바라보느라 좀처럼 눈이 마주치지 않았다. 한참 만에야 바깥의 나를 인지하고 문을 열어주러 나왔지만, 내가 반갑게 인사해도 그는 건성으로 답하며 곧장 등을 돌렸다.

코로나 기간, 전시장도 썰렁하기만 했다. 정부 시책에 따라 전시물 해설도 중단되었다. 나는 전시장 한편에 앉아 시간대별 관람객 수를 점검하거나, 관람객들에게 인스타그램에 홍보하면 커피 쿠폰을 준다는 말만 되풀이했다. 간혹 사무실 임원들이 내려와도 눈길 한 번 주지 않고 스쳐 지나갔다. 한때 영어학원 원장으로 일했던 나도, 사회의 주변부에서는 유령처럼 존재했다. 전직이 무엇이었든, 소속을 잃은 중년의 자리는 애달프기 그지없었다.

그래도 혹시나 하는 기대를 품고 철두철미하게 준비했다. 큐레이터가 건네 자료를 바탕으로 관련 자료를 찾아보고, 한국어와 영어로 스토리텔링을 구성했다. 일손이 부족한 그들을 대신해 사무실 자료도 체계적으로 정리했고, 전시장 내 영어 번역 오타도 바로잡으며 나름의 역할을 해냈다. 하지만 국제교류재단의 대학생들이나 아세안 대사들이 방문하면, 큐레이터가 직접 설명을 해서, 나는 그저 지켜볼 뿐이었다. 전시 해설자로서 나의 기량을 한 번이라도 발휘해 보고 싶었다.

어느 날, 문화원의 부장님이 브루나이 대사를 모시고 불쑥 전시장에 들어섰다. 대뜸 나에게 한국어로 설명하면 자신이 통역하겠다고 말했다. 무슨 오기였는지, 나는 입구에서부터 전시장 끝의 작품까지 주저 없이 영어로 설명하며 그들을 이끌었다. 준비한 자료를 닳도록 외운 덕분인지, 전시 해설은 마치 한풀이하듯, 수도꼭지를 튼 것처럼 술술 흘러나왔다. 대사님과 부장님의 흡족한 미소를 보며 나는 자존심을 되찾은 듯 뿌듯했다. 나이 탓에 기대조차 하지 않던 그들에게 어퍼컷을 날린 듯 가슴 한구석이 후련했다.

다음 날 오후, 부장님이 근사한 브런치 식당에서 식사를 제안하셨다. 큐레이터의 공백을 뜻하지 않게 메운 나에게 건넨, 인사치레 같은 감사였다. 나는 그렇게라도 중년 여성의 '쓸모 있음'이 입증된 듯하여 여한이 없었고, 이대로 그만두어도 아쉬울 게 없다는 생각이 들었다. 비정규직의 비애를 철저히 체험했지만, 나에게는 색다른 경험이었고, 스스로의 가능성을 시험해 보는 소중한 토대가 되었다. 무엇보다 나의 건재함을 확인하게 해준 이색적이고 의미 있는 시간이었다.

욕망은 나이의 제한이 없다는 사실을 새삼 깨닫는다. 욕망이야말로 세상에 손을 내미는 가장 강력한 원동력이 된다. '어울리지 않는다'는 말은 결국 익숙한 틀에서 벗어나지 못하는 미숙한 생각에 지나지 않는다. 젊음의 에너지를 동경하며, 새로운 영역에 발을 디디는 행위로 생동하는 삶의 기운을 가슴 깊이 불어넣는다. 틀을 깨고 나왔을 때, 비로소 다시 들리는 나의 목소리. 그 소리를 따라 나는 진정한 나만의 무대를 새롭게 꿈꾼다.

누룩꽃이 피는 날

 누룩은 술의 씨앗이다. 손때처럼 묻어나는 발의 기억이 덧신을 신은 발끝마다 리듬을 타며 누룩을 빚는다. 베보자기에 싸인 밀반죽이 내딛는 발끝의 감각으로 둥글고 납작하게 다듬어진다. 두툼한 테두리에 촉촉한 누룩이 더해져 술의 제맛을 감싼다. 유연해진 누룩은 꽃을 피우는 발아의 순간을 기다리며 잉태된다.
 술 익는 소리가 고즈넉하다. 처마 밑으로 떨어지는 빗방울처럼 운치 있게 울려 퍼진다. 물과 어우러진 누룩과 고두밥이 기포가 되어 피어오르며 생명의 소리를 품는다. 일었다 가라앉기를 반복하며 뜸을 들인다. 기복의 과정을 깊숙이 눌러 담으며 농익은 향으로 서서히 식어간다. 술은 풍미를 더하며 천천히 익어간다.
 술은 전통과 자연의 조화이다. 현대화된 제조 방식이 넘실대는 세상 속에서 자연의 리듬과 발효의 숨결을 온전히 품고 있다. 기계의 윙윙거림이 익숙한 시대를 비켜 옛 방식을 고집하는 그들이 있다. 발끝에 전해진 시간의 결을 따라 빚어내는 술이 한층 깊은 맛을 더한다. 우리의 삶도 시간의 층을 통과하며 다른 색과 결을 쌓아간다.
 누룩은 술의 차별화를 좌우한다. 시간을 통과하며 당을 만들고 알코올을 품어 각기 다른 누룩을 빚어낸다. 누룩은 온도, 습도, 환경에 따라, 빚는 방식에 따라서 풍미가 달라진다. 누룩은 일정치 않아 저마다 색다른 술맛을 선사한다.

우리는 누룩처럼 개별적이다. 만나는 사람과 처한 환경에 따라 삶은 다양한 빛을 띤다. 만남이 이어질수록 때로는 상처를 새기고, 때로는 위안을 건네며 또 다른 경지로 이끌어 간다. 인연 맺는 사람과 여건에 따라 각자의 꽃은 다채롭게 피어난다.

누룩은 한 잔의 술 어디에도 흔적을 찾아볼 수 없다. 술을 빚는 데 필수적이지만, 겉으로는 드러나지 않는다. 쌀과 물이라는 재료가 눈에 보이게 작용하는 반면, 누룩은 보이지 않는 발효 과정으로 술의 맛을 더해간다. 첫 모금에서 느껴지는 은은한 단맛이 목을 타고 흐르며 깊은 여운을 남길 때, 술맛에 취하며 흥취를 돋운다. 누룩은 자신의 성향을 그윽하게 부각한다.

은근하게 다가서는 사람에게 호감이 간다. 자신의 일상을 낱낱이 드러내는 대화에서는 피곤함을 느끼지만, 내밀한 정서를 품고, 깊은 내공을 간직한 사람에게는 저마다의 고유한 늘품이 깃들어 있다. 조용하고 겸손한 모습에 자신만의 매력을 감추고 있는 사람은 보암직할 만큼 진중하다. 말보다 실천으로 영향을 미치는 사람에게 끌리는 것은 인지상정이다.

누룩의 발효는 시간이 필요하다. 전통 방식으로 누룩을 제조하는 데는 긴 시간이 걸린다. 누룩 방에서 일주일 정도 발효가 이뤄지면, 누룩 표면에 노란빛과 흰빛, 때로는 잿빛을 띤 꽃들이 피기 시작한다. 누룩을 한 장 한 장 펴서 햇볕에 말리며 나쁜 냄새와 잡균을 날려 보낸다. 누룩은 자연스러운 시간 속에서 천천히 발효된다.

　시간을 품어야 술이 되듯, 삶의 깊은 맛도 기다림 속에서 비로소 우러난다. 덜 익은 열매를 억지로 따다 쓴맛에 실망하듯이, 조급하게 서둘러서 지레 앞서가기도 하고, 섣불리 물러서기도 한다. 어리석은 성급함에 마음의 길이 막힌 후에야 어설픈 행동을 자책한다. 일신의 영달에 급급했던 지난날을 돌아보며 더디더라도 묵직하게 버티는 시간을 견뎌낸다. 버팀과 기다림을 자식처럼 품으며 안달하는 삶에서 벗어나니 그제야 평온이 찾아온다.

　누룩은 혼자서는 그저 누룩일 뿐이다. 쌀과 물이 있어야 제 역할을 다할 수 있다. 쌀을 불려 고두밥을 찌고 발효된 누룩을 으깨어서 물과 잘 젓고 기다려야 막걸리가 완성된다. 누룩은 이들과의 관계 속에서 더 깊고 풍성한 맛을 만들어 간다. 누룩은 술의 발효 성분이 어우러지게 하는 윤활제이다.

　관계와 경험은 누룩처럼 삶을 변화시킨다. 관계란 엮인 실타래와 같다. 실 하나만으로 존재할 수 없는 무늬가 연결 속에서 피어나며, 관계라는 섬세한 직물로 만들어진다. 그 속에서 우리는 서로에게 닿고, 스쳐 지나가며, 때로는 묶인 채 걸어간다. 만나는 사람, 겪는 순간이 각기 다른 색으로 물들여지고, 때로는 선명하게, 때로는 흐릿하게 남아 마음속 풍경을 채워간다. 우리는 서로를 비추며 한층 풍요로워진다.

　노래를 좋아해 합창단에 참가하다 보니 단체 활동이 자연스레 많아졌다. 봄철 단체 회식을 위해 장소를 물색하다 보면, 어김없이 찾게 되는 곳은 산성마을이다. 평소에는 노래 연습만 하다 헤어져서 다소 서먹한 사이인데, 주변 공터에서 피구하고, 쑥을 캐며, 막걸리 한 잔에 묵은 이야기를 나누다 보면 어느새 막역해져 버린다. 서로의 시간을 공유하며 한발 다가서는 친밀함에 돌아오는 발걸음마저 가벼워진다. 우리는 타인과의 관계 속에서 자신을 발견하고 활력을 되찾는다. 서로 다른 생각과 경험이 어우러지며 자신의 진가 또한 빛을 발한다.

누룩은 술의 맛과 향을 결정짓는 발효제이다. 스스로는 술이 될 수 없지만 술이 되기 위한 씨앗과 마중물이 된다. 누룩의 효모는 술지게미 속에서 조화를 이루며 술맛의 깊이와 향을 좌우한다. 완성된 술에 배어든 누룩의 풍미는 절대 가볍지 않다. 누룩은 술에 생명력을 불어넣는 원천이 된다.

누룩과 술의 의미를 충신과 임금 관계로 빗댄 이야기가 조선 국왕의 정치적 지침서였던 중국 고전인 서경에 있다. 인재를 먼저 알아본 중국의 고종이 꿈에 사람을 보고 하찮은 평민인 부열의 인품과 능력을 예견하며 다음과 같이 청했다. "내가 술을 빚는다면 그대는 누룩과 엿기름이 되어 나를 여러 방면으로 수양시켜 나를 버리지 말라." 부열은 자신을 알아보는 국왕에게 마음의 물길을 내주고 충성을 다했다. 임금이 훌륭한 정치를 펼치려면 훌륭한 신하의 보필이 필수임을 술과 누룩의 관계를 통해 보여주고 있다.

나는 나를 알아봐 주는 이에게 충신인 부열처럼 마음을 스스럼없이 연다. 마음의 물길은 때로는 잔잔하게, 때로는 격렬하게 흘러간다. 어느 순간 흐름이 혼란스러워지며, 가뭄에 시든 강처럼 메말라가기도 한다. 우리의 삶은 외부의 자극에 민감하게 반응하며, 환경에 따라 형세를 바꾸어 간다. 자신의 기량을 품어줄 물때를 만나야 닿는 곳마다 생명을 피우며 흘러간다.

　성숙해 가는 나의 길도 누룩처럼 녹록지 않다. 술 익는 소리처럼 감정이 들끓어 오르며 삭히기를 반복한다. 꼭꼭 누르며 반죽을 다지는 덧신을 신은 장인의 발길처럼 세상사 모든 경험이 나를 깎고 다듬어 부드럽게 빚어간다. 그렇게 나는 조심스럽게 삶의 틀을 잡아가며 제 자리를 찾아간다.

　누룩꽃이 활짝 피는 날을 기다린다. 가족 사이에서도, 나의 여정에서도, 그리고 내가 속한 공동체 속에서도 서로의 빛을 알아보며 잔잔히 피어나길 바란다. 술을 빚는 누룩처럼 매개체가 되고, 발효제가 되며, 온기를 불어넣는 숨결이 되기 위해 자신을 다듬어 간다. 갈증을 채워주는 한 모금의 물처럼 묵직한 깊이를 더하기 위해 오늘도 삶의 풍미를 차분히 빚어간다.

음악 저 너머의 산책

✕

음악은 말하지도 않고, 의미하지도 않는다. 그것은 암호화되고 다시 찾아내며, 뇌의 그늘 깊은 곳에서 잃어버린 것을 되살려낸다. 뒤로 돌아가 돌진하고, 별안간 빠르게 나아가며 마음을 뒤흔든 모든 것을 되찾는다. 음악은 특출나게 감동적인, 어딘가 미쳐버린 인식 같다. 그것은 세상 이전의 세상에 있던 것, 다시는 되찾으리라 더는 기대하지 않던 것과의 아연한 재회 같다.

— 사랑 바다(파스칼 키냐르)

╳ 합창의 기호 1

    음성의 선율은 감성을 도발한다. 각 파트의 조화로운 화성이 피아노의 선율을 따라가며 노래의 향연으로 무르녹을 때 사람들은 공명으로 교감한다. 운율마다 찾아오는 전율감은 또 다른 세계로 접어드는 희열을 선사하며 새로운 세계를 펼친다.

    보면대를 펼치고 높이와 기울기를 맞추며 몸을 이완시킨다. 마음을 사로잡는 감미로운 선율의 피아노 반주가 울려 퍼지면 지휘자 선생님의 손끝을 주시한다. 피아노의 전주곡을 들으며 이어질 화성을 그려본다. 곡의 의미를 되살리는 감정을 불어 넣고 목소리를 가다듬는다. 옆 사람의 소리를 들으며 나의 음성을 재차 확인하고 키와 소리를 조율한다. 지휘자 선생님의 섬세한 연출에 따라 각 파트의 음성들이 샘솟는 생기로 다른 성부와 파도를 타듯 넘실댄다. 합창은 찰나의 예술로 창조된다.

    합창의 선율이 공간을 메운다. 가사와 운율에 고스란히 감정이 입을 한 채 소리에 빠져드는 순간 묵직하게 달라붙었던 거친 감정이 자늑자늑 떨어져 나간다. 그 자리에 말랑말랑하고 부드러운 감정이 채워지며 정화된 감성이 온몸에 울려 퍼진다. 그 순간 화성의 어울림에 춤을 추는 자아가 과거, 현재, 미래를 넘나들며 자신을 부르는 장소로 불시에 찾아간다.

　한동안 뭔가 잃어버린 듯 살아왔다. 현실의 삶은 내가 아닌 듯 타인의 삶을 짊어지고 가는 듯했다. 겉으로는 무난해 보였지만 상실된 꿈으로 존재감을 찾지 못하는 불협화음의 삶이었다. 누군가의 잣대로 저울질하는 현실의 삶에서 실질적인 삶만 실행하며 내 안의 목소리는 맥을 추지 못했다.
　아이들 키우면서 뭔가 시작하고 접기를 반복했다. 가족에게 조금이라도 피해가 생긴다는 생각이 들면 가족의 눈치를 보다 상황에 이끌려 그만두곤 했다. 주변의 압박에 떠밀려 엄마와 장손의 외며느리라는 역할에 책임 의식을 부여하며 살아온 삶이었다. 연속성을 갖지 못한 삶은 한평생 뭔가에 매진한 사람의 삶을 동경하며 지질하게 연연해 왔다.
　어느 날 나의 정제된 목소리를 감미로운 합창의 선율로 쑥 밀고 들어가는 순간, 가슴속 저 밑에서 잊고 있었던 뭉글뭉글한 기억들이 떠오르며 느꺼운 감정이 명치끝으로 밀려왔다. 산사에서 듣는 대종 소리와 같은 청아한 울림이 진동처럼 퍼지면서 배회하는 자신을 덜컥 잡았다. '아, 이게 무슨 감정이지? 어디서 이런 희열감이 쏟아져 나를 이렇게까지 몰입하게 하는가?' 비밀스러운 연애를 하듯 동요되며 밀려드는 환희의 감정에 당혹감마저 들었다. 원하던 나의 모습이 그대로 존재했던 과거의 감정이 불쑥 고개를 치밀고 현실의 나의 자아에 달라붙었다. 풍부한 감수성으로 피아노를 열정적으로 치고, 노래도 하며 자신의 목소리를 힘껏 내던 시절이었다. 모차르트와 바흐의 음악 세계에서 한계도 제약도 개의치 않고 자유롭게 달려가던 자아가 되살아난 것이었다. 튀기 싫어하고 무난한 삶을 지향하는 무채색의 지금과는 대조적으로 적당히 산다는 것은 용납하지 못하고 선명한 색깔을 발산하던 감정이 되살아났다.

잃어버린 시간에서 되찾은 시간으로 바뀌는 순간이다. 《잃어버린 시간을 찾아서》에서 프루스트는 홍차에 적신 마들렌을 먹으며 감미로운 쾌감과 기쁨에 젖었고, 무의식 속에 잠들어 있던 과거의 기억 속으로 빠져들었다. 이렇듯 프루스트는 홍차에 적신 마들렌으로, 나는 합창의 선율로 무의식적으로 존재하고 있던 과거를 탐색하게 되고 그것을 사랑하게 되며 새로운 자아를 찾게 되었다. 우발적으로 무엇인가에 의해 흥분된 상태에서 동요되기 시작하는 순간 새로운 타자를 맞이하는 여백을 만들어 낼 수 있기 때문이다.

새로운 자아가 나를 맞이한다. 과거의 어떤 경험을 건드릴 수 있는 현재의 선택된 상황은 잃어버린 행복의 특수하고도 증발하기 쉬운 본질을 다시 발견하게 한다. 소리나 맡는 냄새가 현재와 과거 속에서 다시 들리고 맡아지면서 그 순간 평소에 숨겨져 있던 사물의 본질이 드러나고 섬광처럼 새로운 자아가 눈을 떠 비상한다. 과거의 자아와 현재의 자아가 우발적으로 마주치면서 현재의 자아는 잃어버린 자아를 넘어서 새로운 자아로 비약된다.

 마주침의 속성은 강요와 우연이다. 프루스트는 잃어버리는 시간을 되찾는 진리는 사유하도록 강요하고 참된 것을 찾도록 하는 사물과의 마주침에 있다고 했다. 웅성거리고 있는 수많은 자아들 중에, 지금의 나는 세상과 타협하며 나이에 맞게 안정적인 삶을 추구하며 살아가고 있다. 충족되지 않는 공허감은 공백을 메우지 못해 넋두리 같은 혼잣말로 채워진다. 합창의 선율에 되살아난 과거의 조우는 심연 속에 감추어진 근원적 욕망을 불러일으키며 무언가에 몰입하도록 이끈다. 미리 실패 여부를 진단해서 노선에서 벗어나지 않으려는 현재의 최면에서 벗어나 내면의 목소리에 귀 기울이게 한다. 거침없이 달려가던 과거의 맹렬한 욕망이 무표정하게 지쳐 있는 현실의 나에게 말을 걸어온다. 선율은 보이지 않는 허공이라도 뚫고 달려가게 한다.

 합창은 새로운 자아를 장착한 나에게 자신을 낮추라고 일깨운다. 겸손하게 상대방의 소리를 들으며 자신의 소리를 조율해야 하모니를 이룬다고 전한다. 누군가 높은 고성을 자신 있게 우쭐대면 지휘자 선생님의 표정이 찡그려진다. 지휘하는 손끝을 따라 조화로운 음색으로 어우러져야 개개인의 목소리가 배제되지 않고, 자신의 목소리를 유지하며 자유롭게 날아오른다.

 타인과 더불어 사는 삶에도 조율이 필요하다. 선을 넘어설 때, 우려되는 상황이 초래된다. 하모니를 이루는 합창으로 음악은 내가 되고 우리가 되어 한 몸이 되는 기적이 일어난다. 내가 노래하며 느끼는 전율과 울림이 시공간을 초월하여 가족과 이웃에게 맥놀이의 전파처럼 전해질 때, 행복이 스며들고 아름다운 연대가 형성되어 주변이 훈훈해진다.

　새로운 악보를 받을 때마다 매번 설렌다. 어떠한 화성이 어우러져 열락의 음률을 선사할지 피아노 반주를 들으며 선율을 예측하며 기대한다. 'How can I keep from singing?'이란 제목의 악보의 선율이 계속 맴돈다. 새로운 창조를 유도하는 운율을 통해 진실을 들을 수 있어서 노래하기를 멈출 수 없다는 가사이다. 나는 음성의 선율이 건드린 감성으로 타인들과 앙상블을 이루며 조화롭게 살아가는 상상을 펼치며 오늘도 노래를 부른다.

귀에는 귀꺼풀이 없다

　음악은 애매하고 다의적이다. 프랑스의 음악 연주자이자 철학가인 블라디미르 장 켈르비치(1903~1985)는, 음악이 말할 수 없는 것을 연주하고 표현 불가능한 것을 드러내기 때문에 매혹적이라고 했다. 언어는 일의적이라 의미가 연속되지 않지만, 음악은 이질적이면서도 서로를 침투해서 가로막지 않는다고 했다. 음악은 우리가 미처 인식하지 못한 내면의 문을 가만히 열어 준다.
　음악은 우리의 마음을 조율한다. 벌어진 상처를 살포시 덮어 치유하기도 하고, 오디세우스를 시험에 들게 한 세이렌의 노랫소리처럼 우리를 유혹하며 공포를 불러일으키기도 한다. 때로는 무언가에 이끌려 기꺼이 사로잡히고 싶은 순간도 있지만, 대체로 우리는 조종당하거나 휘둘리지 않으며 본연의 모습을 지키려 한다.
　소리의 교란은 평온을 깨뜨린다. 날카로운 소리는 정신을 흔들고 유랑하게 하며, 때로는 꿈속 환영에 이르게도 한다. 반면, 불현듯 들려오는 자연의 소리는 마음의 경계를 허물고 치유를 안겨준다. 꿰뚫고 파고드는 소리를 완전히 차단할 수는 없지만, 소리는 언제나 예기치 못한 방향으로 퍼져 나간다.

듣는다는 것은 순종적인 행위다. 태아는 어머니 뱃속에서부터 그녀의 노랫소리에 순응하며, 그 소리를 모방하여 언어를 익힌다. 어린아이는 어머니의 질책과 아버지의 훈계를 들으며 성장한다. 받아들이기 어려운 말들은 가슴 한편에 조용히 감춰진 채 봉인된다. 부모님의 목소리는 나를 관통하며 여전히 내 안에 머무른다.

어린 시절, 어머니는 "아버지 오시기 전에 네 할 일 빨리 해"라며 늘 재촉하셨다. 아버지의 기분에 민감했던 어머니는 집안의 평화를 유지하려 애쓰며, "지금 몇 시인데 몇 시까지 끝내야지"라고 자주 말씀하셨다. 가정적이지만 보수적인 아버지는 나름대로 엄격한 규율을 갖고 계셨고, 그 기준에서 벗어나면 어김없이 목소리를 높이셨다.

부모님의 목소리는 마치 내 안에 각인된 듯하다. 나는 대체로 약속 시간보다 10분쯤 일찍 도착하는 편이다. 오늘만큼은 느긋하게 가보자 마음을 먹고서도, 늘 다른 사람보다 먼저 도착해 있다. 아버지의 가부장적인 엄격함 아래에서 가족이 겪었던 억압감이 내게도 전이된 듯, 누군가의 짜증 섞인 목소리나 화난 말투 앞에서는 쉽게 위축된다. 소소한 일상을 살뜰히 챙겨주는 살가운 남편을 만난 것도, 어쩌면 그런 영향 때문일지 모른다.

음악은 나의 성장기에 든든한 버팀목이었다. 초등학교에 들어가기 전부터 배웠던 피아노의 선율은 지금도 나의 음악적 동인(動因)으로 남아 있다. 손끝에 전해지는 건반의 터치감과 리듬의 감각이 좋아, 그저 피아노 치는 것이 즐거웠다. 친구들을 피아노 앞에 모아 무슨 노래든 함께하기를 즐겼다. 바이엘, 하농, 체르니, 바흐, 모차르트, 베토벤 등을 섭렵하며 피아노를 배우는 과정은 내가 고양되는 시간이었다. 들려오는 모든 음악을 따라 치고 노래하면서 예민한 감수성이 자연스레 스며들었다. 긴 악보를 연주할 때 손가락이 스스로 기억해서 다음 단계로 자연스럽게 넘어가는 감각이 신기하기만 했다. 중학교에 들어가며 피아노는 그만두었지만, 그 이후, 다양한 음악과 음악 활동을 접하며, 음악은 어느덧 내 삶의 한 일부가 되었다.

음악은 나를 성숙하게 했다. 이해할 수 없는 혼란 속에서 다양한 장르의 음악을 통해 스스로를 다져갔고, 음악의 내밀한 속삭임 속에서 따뜻한 위안을 얻었다. 부모에게서 채워지지 않던 정서는 노래와 피아노를 통해서 조금씩 메워졌다. 유년기의 이름 붙일 수 없는 감정과 말로 표현되지 않는 불안은 음악에 몰입함으로써 비로소 넘어설 수 있었다. 음악에는 규율도, 한계도 없었다.

한편, 소리의 집단성은 개별성을 무시하고 획일성을 강요하기도 한다. 초등학교 시절, 국민 체조 음악이 나오면 나도 모르게 온몸을 움직이며 리듬을 탔다. 매일 아침, 국민교육헌장을 암기하며 국가주의와 반공주의에 길들여졌고, 복종과 순응을 몸에 새겨 나갔다. 단체로 암송하는 소리는 마치 군인들의 행군처럼 일사불란하게 이어졌다. 어린아이들은 자연스럽게 집단의 규율에 길들여졌고, 공동체에 기여하는 소리의 명령은 구성원들을 예속시키며 성찰 없는 기계적 암기만 반복하게 했다.

죽음의 수용소에서도 음악은 미끼로 작용했다. 제2차 세계대전 당시, 수감자들은 수용소에 입소할 때 슈베르트의 '로자문데 4중주'를 들어야 했고, 벌거벗은 채 가스실로 끌려 들어갈 때도 통과 의례처럼 정해진 클래식 음악이 연주되었다. 바그너, 브람스, 슈베르트의 음악은 그들의 세이렌과 같았다. 음악적 리듬은 신체 리듬을 사로잡아 사람들은 통제하고 조정했다. 청취와 복종은 서로 연결되어 있다.

소리에는 다양한 맛이 있다. 쌉싸름함, 시큼함, 달콤함 등 여러 맛이 뒤섞여 있다. 어디에서든 달콤한 소리는 마음을 열고 정화한다. 어린아이처럼 순수한 맑은 목소리, 상대방을 어루만지는 대화, 숲속 리듬을 채우는 새소리 등이 감정의 현을 건드리며 아련한 기억을 불러낸다. 반면 쌉싸름하거나 시큼한 소리는 가슴을 덜컥 내려앉게 한다. 명령하거나 훈계하는 소리, 규율을 강조하며 개별성을 인정하지 않는 집단의 소리는 마음에 생채기를 내며, 빗장의 문을 걸어 잠그게 만든다.

음악은 모든 맛을 아우르며 다양한 감정을 담는다. 무엇에도 한정되지 않으며 다양한 감정을 품는다. 음악은 개별적인 인간의 소리이자 언어이다.

눈에는 눈꺼풀이 있다. 아름다운 풍경을 보기 위해 사방으로 시선을 돌려 정경을 포착하고, 끔찍한 풍경 앞에서는 눈꺼풀을 감아 참상을 차단한다. 눈은 칸막이나 커튼처럼 빛과 시야를 조절할 수 있다. 눈꺼풀은 자유자재로 시선을 선택하며, 우리가 무엇을 보고 무엇을 피할지 결정하게 해준다.

귀에는 닫을 수 있는 귀꺼풀이 없다. 모든 소리는 외피를 뚫고 들어온다. 아파트 벽 너머로 강아지의 짖는 소리, 어린아이의 울음소리도 희미하게나마 들려온다. 방음이 잘된 집이라 해도 이웃의 소음을 완전히 차단할 수는 없다. 소리는 의지와 상관없이 우리에게 스며든다.

때론 감각이 파문처럼 번지는 소리가 귀에 와 닿는다. 사적인 내밀한 영역을 넘어 곧장 마음 깊은 곳까지 전해진다. 후드득 떨어지는 빗소리, 해안으로 밀려오는 파도의 리듬, 절이나 성당의 타종 소리가 우연히 들려올 때면, 내면의 결이 살며시 일렁이며 마음을 어루만진다.

이처럼 소리는 송곳처럼 우리의 감성을 꿰뚫고 지나간다. 때로는 상처를 깨우고, 때로는 숨겨진 기억을 소환하며, 우리 내면의 풍경을 새롭게 그려낸다.

✕ 가구 음악

　무난한 가구를 선호한다. 수납의 역할을 충실히 할 수 있으면 더 좋다. 고풍스러운 장식의 화려한 가구보다 현대적인 느낌의 단순한 가구가 주변과 잘 어울린다. 가구는 있는 듯 없는 듯 자연스레 배치해야 편안하고 아늑한 분위기를 자아낸다. 가구는 일상의 편안한 배경이 되어 쉼과 안정을 준다.
　디지털 피아노는 주변 가구와 조화를 이룬다. 책상의 왼쪽 옆 창가에 배치되어 나의 기호를 반영한다. 고급스러운 검정 질감의 피아노는 창문의 시야를 가리지 않으며, 나지막한 자세로 자리 잡아 무게감과 깊이를 더한다. 다채로운 악기의 울림을 가진 검정 디지털 피아노는 세련된 가구처럼 차분한 매력을 발산한다. 언제든 스위치를 켜고 연주할 준비가 되어 있다.
　가구 음악이란 장르가 있다. 프랑스 괴짜 작곡가, 에릭 사티가 제안한 개념으로 가구처럼 편안하게 시간을 보내거나 집중하는 데 도움을 주는 음악이다. BGM(background music)이라고도 말하며, 가볍고, 비침해적이며, 반복적인 멜로디로 구성되어 있다. 가구 음악의 선율은 아로마 향기처럼 스며들어 보이지 않는 온기로 공간을 배경처럼 채운다.

"엄마 지금 듣고 있는 음악이 뭐야?"

나의 노트북에서 흘러나오는 음악을 듣고 대학생이었던 둘째 아들이 관심을 보이며 쪼르르 방에 들어왔다. 에릭 사티의 '짐노페디(Gymnopedies)'를 듣고 있었다. 둘째는 곡의 분위기가 좋다며 작곡가와 곡의 제목을 물어보았다. 잠시 후 자기 방에 가서 그 음악을 무한 플레이하며 하던 일을 계속했다. 힙합과 R&B 같은 장르를 선호하는 20대의 감성에도 와닿았는지 한동안 에릭 사티의 음악을 재생했다.

어떤 날은 아들 방에서 들리는 가요의 선율이 나의 귀를 사로잡았다. 최전방에서 복무 중이었던 둘째가 휴가를 나온 뒤 하루 종일 그 노래만 듣고 있었다. 감수성이 예민한 아이가 획일적인 군대 생활의 빡빡한 일정을 견디는 모습이 안쓰러워, 가사를 가만히 들어 보았다. 피아노 반주로 시작되는 선율에 노래 가사는 서정적이고, 고조되는 부분에서는 감동이 밀려왔다. 잔나비라는 밴드의 '나의 기쁨 나의 노래'라는 곡이었다. 우리는 한동안 그 음악에 심취해서 집안을 같은 선율로 가득 채웠다.

지금은 독립해서 따로 살지만, 아들과 나는 곧잘 음악으로 이어져 대화를 시작했다. 음악으로 소통하는 둘째와 나는 아름다운 선율에 공감하며 보이지 않는 감수성의 고리를 깊게 이어간다.

나는 노트북을 켜면 음악부터 재생한다. 그날의 기분에 따라, 글을 쓰는 주제에 따라, 읽을 책의 내용에 따라 음악을 달리 선정한다. 감정을 흩트리지 않는 여백이 있는 음악을 선호한다. 음악의 선율과 현재의 감정이 같은 기류를 타며 조화롭게 흘러가야 읽고 쓰는 데 무리 없이 집중할 수 있다.

가장 무난하게 반복해서 듣는 음악은 에릭 사티(1866~1925)의 피아노 연주이다. Gymnopedies 1, 2, 3, 6개의 Gnossiennes, 난 널 원해(Je te veux)가 주요 작품이다. 단순한 몇 개의 선율과 리듬이 반복되어 그야말로 가구처럼 스며드는 음악이다. 집중해서 들을 필요가 없다. 나의 감정처럼 자연스럽게 흘러간다. 음악은 생각의 흐름을 방해하지 않으며 공기처럼 흘러간다. 미묘하게 빗나가는 감정이 희미하게 들리기도 하고, 표현하지 못한 들쑥날쑥한 감정이 툭툭 튀어나오기도 한다. 비통하게 느껴질 때도 있지만, 장중하게 흘러가는 선율이 그저 담담하다. 가구 음악은 작업하는 일에 시너지 효과를 일으켜 몰입을 유도한다.

에릭 사티는 클래식 음악의 전통적인 틀을 과감히 탈피했다. 당시 주류를 이루던 바그너, 베토벤, 브람스, 슈트라우스 등의 기성 음악과는 달리 새로운 개념의 음악을 만들고자 시도했다. 콘서트홀에서 집중해서 듣는 엘리트적 부르주아 음악에 반기를 들며 배경처럼 들리는 여백의 음악을 작곡했다. 당시에는 주류에서 벗어난 시대의 반항아로 인정받지 못하며 생활고를 감수했지만, 지금의 평판은 달라졌다.

한때는 비난받았던 에릭 사티의 음악이 요즘에 와서 호응받는 이유는 무얼까? 음악의 간결함에 있다. 베토벤이나 바그너 등, 대가의 음악은 화려한 선율의 전개로 감동은 있지만, 집중을 요하는 일을 병행하기에는 무리가 있다. 바흐의 바로크 음악도 책을 읽는 데 편안하지만 에릭 사티의 음악만큼 배경처럼 스며들지는 않는다. 에릭 사티의 음악은 편안한 가구처럼 나의 결을 거스르지 않는다.

에릭 사티의 음악은 불완전하다. 조용한 선율로 규칙도 없고 시작과 끝도 애매하지만, 우리의 감성과 같이 흘러간다. 정확한 결말이 나는 거장의 음악과 비교하면 기이하지만, 유유자적하며 잔잔하게 지나간다. 기승전결의 전개도 없이 끝나버리지만 신비롭다. 불완전한 음악적 구성이 예측하지 못하는 우리의 삶과 유사해서 공감을 불러일으킨다.

미니멀리즘이 대세인 시대이다. 실내 장식도 단순해져서 붙박이 가구를 선호하고 군더더기 없이 꾸민다. 예전에는 다양한 액자나 사진을 걸어 빈틈없이 꾸몄지만, 요즘에는 대형 액자 하나로 포인트를 주며 깔끔하게 장식한다. 과장된 장식이나 복잡한 요소를 배제하는 추세이다. 음악뿐 아니라 문학이나 그림, 건축에서도 단순한 접근이 미적 철학이자 삶의 방식이 되고 있다. 예술의 영역은 세밀한 묘사보다는 단순화된 점이나 선으로 모든 것을 아우르며 상징성으로 많은 것을 대변하고 함축한다. 간결한 형태와 본질만이 중요한 흐름이다.

미사여구가 풍부한 말보다는 진솔한 말 한마디에 빗장의 경계를 푼다. 진심 어린 단 한마디에 앞뒤 재지 않고 그저 툭하고 마음을 내려놓는다. 판단을 어수선하게 하는 장황한 설명보다 방향을 돌리는 단 한마디의 마력은 그 자체의 단순함에 있다.

여백의 시간이 느긋한 삶을 누리게 하는 일상이다. 빠듯한 일정에서 벗어나야 선택의 여지가 생겨 비로소 현안을 깊이 고민해 볼 수 있다. 감정의 결을 거스르지 않고 배경이 되어주는 음악으로 소음처럼 들리던 불필요한 일들은 사라지고 해야 할 일만 고스란히 남는다. 참선과 명상이 바쁜 이들의 희망 사항이 되는 것처럼 텅 빈 시간은 선물처럼 다가온다. 차분한 기쁨은 아무 말 없이 흐르는 음악 속에서 찾아든다.

아프리카의 울림

 이색적이며 감성적인 세계 여행은 음악만으로도 충분했다. 열대기후가 완연한, 이름도 생소한 나라인 부르키나파소의 음악 공연을 예매했다. 가보고 싶었던 부산 국립국악원에서 아프리카 음악회가 열린다는 소식에, 이참에 둘러볼 겸 좋은 기회라 여겼다. 야자수가 무성한 대자연이 만들어 낸 아프리카의 울림을 기대하며 공연장으로 향했다.
 부르키나파소는 서아프리카의 작은 국가이다. 사막과 사바나 사이에 위치하며, 가나와 나이지리아 근처에 있다. 부르키나파소의 음악은 자연이 만들어 준 기쁨과 축복의 소리라고 한다. 서아프리카의 전통악기인 젬베(Djembe)의 어원은 '모두 함께 평화(Be)롭게 모이자(Dje)'라는 뜻이다. 젬베는 단순한 타악기의 리듬을 넘어, 고단한 삶에 위안의 메시지를 담은 아프리카의 정신이 깃들어 있다고 전해진다.
 이번 음악회는 아프리카 음악의 정신으로 마음의 벽을 허물고 모두가 행복해지기를 바라는 뜻에서 기획된 공연이었다. 강의와 콘서트가 어우러진 자리에서는 다양한 아프리카 악기를 연주하고 배울 기회를 제공했다. 운명과 여행, 그리고 함께하는 행복의 의미를 담은 노래에, 타고난 감각으로 선보인 아프리카 댄스가 절로 몸을 들썩이게 했다. 마치 영적인 체험처럼 신비롭게 다가오는 시간이었다.

국악원 광장은 축제 분위기였다. 차양을 친 간이 테이블에서는 예매표와 함께 부르키나파소의 악기인 젬베를 본뜬 목걸이를 기념품으로 배부하고 있었다. 별처럼 반짝이는 예쁜 조명들이 야외무대 위로 불을 밝혔고, 아프리카 악기들이 객석마다 비치되어 리듬의 손길을 기다리고 있었다. 절구통 모양의 드럼인 젬베와 쉐이커는 관객이 직접 연주할 수 있는 악기였다. 단순히 음악을 듣는 데 그치지 않고, 연주자와 관객이 함께 참여하는 역동적인 음악회였다.

연주자들은 생동감 넘치는 무대를 연출했다. 원색의 화려한 옷차림에 아프리카 모자를 쓴 연주자가 젬베를 들고 등장했다. 한국 연주자인 그는 부르키나파소 악기에 관해 설명하고 공연의 흐름을 소개했다. 타악기를 치는 요령을 직접 시범하며 관중의 호응을 이끌어냈고, 공연장은 점차 열기로 가득 찼다. 그의 손짓에 맞춰 아프리카 특유의 추임새를 따라 하는 관객들은 자연스레 음악에 동화되었다.

흥겹고 경쾌한 리듬은 관객의 몸에 즉흥적인 감각을 실어주었다. 실로폰처럼 생긴 발라본, 북을 닮은 젬베, 미니 하프 같은 고니, 손에 쥐고 흔드는 쉐이커, 그리고 베이스 기타와 드럼이 어우러진 음악회였다. 부르키나파소 전통 음악과 춤은 남녀노소 할 것 없이 모든 이의 마음을 사로잡았다. 관객들은 자기 흥에 겨워 쉐이커를 흔들고, 젬베를 두드렸다. 신이 난 아이들은 무대로 달려 내려가 연주자들과 호흡을 맞추며 제멋대로 춤을 추었다. 자유분방한 리듬을 타며 서로의 벽이 허물어지는 시간이었다.

모처럼 타인의 시선에서 벗어나는 시간이었다. 공공장소에서는 아무리 흥이 나도 춤을 추거나 악기를 흔들며 감정을 표현하는 일이 쉽지 않지만, 이곳에서는 누구도 개의치 않았다. 사람들은 본능에 따라 자유롭게 몸을 움직였다. 나도 모르게 어깨를 들썩이다가 젬베를 두드리고, 쉐이커를 흔들며 옆에 앉은 사람과 친근한 미소를 나누었다. 모두가 공연의 일부가 되는 음악회였다.

허밍은 서로를 위안하는 시간이었다. 'Yala Yala'라는 여행에 관한 노래를 부르기 전, 부르키나파소 연주자가 유창한 한국어로 말했다. "여행하다 보면 좋은 일도 있고, 안 좋은 일도 있고, 배울 것도 있어요."라고 운을 떼면서 "여러분" 하고 관객들을 불렀다. 노래 중간마다 "괜찮아, 좋아요, 사랑해"라는 추임새를 관객에게 유도하며 분위기를 한껏 끌어올렸다. 관객들은 두 팔을 하늘로 펼쳐 환호의 손짓을 보내고, 악기의 리듬을 타며, 리더의 추임새를 열렬히 따라 했다. 추임새의 리듬이 모든 이의 마음에 번져 들었다. 수천 년 전부터 이어져 온 타악기의 맥박이 내 몸을 타고 흐르는 듯했다.

공연이 끝난 뒤, 관중들은 놀라울 만큼 질서정연했다. 어린아이부터 노년에 이르기까지 다양한 연령층의 관람객들은, 자신의 악기들을 무대 앞으로 가져다 놓기 위해 여러 번 발걸음을 옮겼다. 순식간에 객석의 악기들이 무대 앞에 가지런히 놓였고, 관객들은 차분하게 퇴장했다. 염려할 필요 없는 시민의식이었다. 감동적인 음악의 혜택을 깔끔한 마무리로 되갚는 모습이었다.

나는 사소한 것에서 행복을 찾는다. 동네 도서관의 훌륭한 시설에 감탄하고, 잘 정비된 시민 공원에서 산책의 즐거움을 누린다. 음악회에서는 감동을 받고, 때때로 유명 맛집을 찾아가 미각의 기쁨에 흠뻑 젖기도 한다. 주변을 둘러보면, 행복을 제공하는 원천들이 곳곳에 즐비하다.

요즘 누릴 수 있는 문화 혜택이 풍성해지고 있다. 늘 가던 곳만 다니고, 하던 일만 하기에는 세상은 너무 넓고, 삶은 너무 짧다. 세상은 재빠르게 변해서 새로움을 외면하기에는 남겨진 시간이 아쉬울 뿐이다. 곳곳에서 복지 시설이 개방되고, 문화 혜택을 제공하며, 다양한 볼거리를 선사한다. 인터넷을 통해 미리 계획하고 예매하면 누릴 수 있는 정보가 넘쳐난다. 예기치 않은 설렘과 충만은 이렇게 우연히 찾아온다.

아프리카 음악 여행은 모처럼 감정을 자유롭게 드러내는 시간이었다. 집으로 돌아가는 차 안에서, 아들에게 젬베를 직접 두드리며 아프리카 음악을 즐기는 영상을 카톡으로 보냈다. 둘째가 "허허 참으로 행복해 보이시군요"라며 바로 답장을 보냈다. "우리

아들들도 행복한 시간 보내라"라고 답하며 어느새 미소가 번졌다. 음악의 울림처럼, 행복도 여기저기 전해지던 주말 저녁이었다.

세상의 모든 아침

오늘 아침, 광안리 바다는 어제와 사뭇 다른 모습이다. 낮게 깔린 구름 아래, 활기를 잃은 회색빛 바다는 메마른 시간을 조용히 흘려보낸다. 파도마저 해안가에 이르러서야 겨우 작은 포말로 부서져 사라진다. 나도 바다처럼 텅 빈 눈으로 수평선 너머를 무심히 바라본다.

어제 아침, 잔잔한 물결 위로 금빛 무늬가 아스라이 번져갔다. 해안가를 거니는 사람들의 발걸음에는 삶의 박동이 꿈틀거렸고, 패들보드와 카약을 젓는 힘찬 손놀림에서는 시작을 부추기는 생동감이 바람을 타고 흩어졌다. 태양을 머금은 바다는 설렘 가득한 물결을 밀어 올리고 있었다.

세상의 모든 아침은 다시는 돌아오지 않는다. 계절은 돌고 돌아도, 아침은 언제나 처음처럼 새롭게 찾아온다. 현재의 시간은 스러지듯 사라지지만, 순간을 연주하는 음악은 끊임없이 흐른다. 음악은 시간의 흐름을 넘어 마음 깊은 곳에 닿아, 세월이 흘러도 잊히지 않는 울림으로 남는다.

파스칼 키냐르는 《세상의 모든 아침》에서 상반된 두 음악가의 삶을 조명한다. 작가는 프랑스를 대표하는 현대 작가이자, 사상가이며, 악기를 연주하는 음악가이다. 문학과 철학, 음악과 미학을 아우르는 에세이적 글쓰기로 주목받고 있다. 삶과 죽음, 시간과 영원, 시작과 끝에 대해 반복적으로 질문하며, 단 한 번만 경험할 수 있는 순간의 의미를 한 연주자의 삶을 통해 풀어낸다. 말로는 닿을 수 없는 그 무엇을 음악으로 건너가려 했던 생트 콜롱브의 삶은 깊은 울림을 준다. 그는 사라지면서도 영속되는 지점을 향해 나아가는 음악가였다.

소설 속 주인공인 생트 콜롱브는 비올라 다 감바라는 악기를 연주하고 작곡한 음악가였다. 비올라 다 감바는 16세기에서 18세기까지 유럽에서 널리 쓰이던 현악기로, 다리 사이에 두고 연주하는 비올라 형태의 악기이다. 1650년, 사랑하는 아내가 어린 두 딸을 남긴 채 세상을 떠나자, 그는 세상과 거리를 두고 음악에 몰두하며 애도의 삶을 이어갔다.

그는 악기로 목소리의 굴곡을 모방했다. 젊은 여인의 탄식, 중년 남성의 오열, 아이들의 부드러운 숨소리까지 섬세하게 담아 연주했고, 비언어적 세계인 자연의 소리조차 음악으로 재현했다. 바람이 휙휙 부는 소리에서 아리아의 저음을, 얼어붙은 땅이 빠지직 내는 소리에서는 악기의 특유 음색을 떠올렸다. 심지어 소년의 오줌 소리에서 꾸밈음 스타카토를, 화가의 붓질에서는 현악기의 활 기술을 연상했다. 세상의 모든 소리가 그의 음악이었다.

생트 콜롱브는 개인 생활을 중요시하며 사교계를 혐오했다. 쓸데없이 오가는 말에는 신뢰를 두지 않았고, 마음을 제대로 표현하지 못해 사랑하는 아내에게조차 애정을 드러내지 못했다. 아내가 세상을 떠난 뒤에도 그녀의 그림자에서 벗어나지 못한 그는, 혼이 서린 연주를 통해 아내의 육화를 경험하며, 전하지 못한 사랑의 고백을 안타까워했다. 생트 콜롱브는 오직 음악을 통해서만 복잡 미묘한 내면의 세계를 표현할 수 있다고 믿었다.

생트 콜롱브에게 음악은 예술 그 이상이었다. 그는 활을 켜며 눈에 보이지 않는 존재, 이를테면 세상을 떠난 아내를 목 놓아 부르고, 자연의 세세한 파동을 은밀하게 표현하며, 인간 내면의 깊은 갈망과 고독을 치유하고자 했다.

그는 악기로 세상의 소리를 켜며 하나의 이름과 기쁨을 추억했고, 물과 물풀, 쑥, 살아있는 작은 송충이 같은 헌물을 연상하며, 순간의 감정을 즉흥 연주로 풀어냈다. 그에게 음악은 심오한 감정의 흐름을 전달하는 도구이자, 말로 다 전할 수 없는 마음을 표현하는 매개체였다.

그에게 음악은 언어가 버린 자들이 물 마시는 곳, 아이들의 그림자가 있는 곳, 유아기 이전의 상태에 이르러서 비로소 시작되는 유일한 그 무엇이었다.

마랭 마레는 17세에 비올라 다 감바와 작곡을 배우기 위해 생트 콜롱브를 찾아갔다. 그는 여섯 살 때부터 성가대에서 노래했지만, 변성기 이후 노래를 부를 수 없게 되자 성가대에서 쫓겨났다. 수치와 굴욕을 보상하듯, 그는 비올라 다 감바의 연주에 몰입하며 스승의 소리를 좇아갔다.

20세에 마랭 마레가 궁정 음악가로 발탁되자, 생트 콜롱브는 그를 질책하며 악기를 산산조각 내고 내쫓았다. 출세를 향해 달려가는 제자의 행보를 스승은 못마땅하게 여겼다. 생트 콜롱브는 근원적 예술에 다가서기 위해 오히려 세상으로부터 물러나 은둔했고, 퇴행 속에서 더욱 순수하고 아름다운 선율을 길어 올렸다.

마랭 마레는 궁정 음악가로 성공했지만, 세상에서 가장 아름다웠던 선율을 잊지 못해 스승을 다시 찾아갔다. 그는 음악에서 기교를 부리며 왕의 환심을 사고 대중의 인기를 얻는 생활에 염증을 느끼고, 자연의 본성에서 시작되는 음악을 연주하길 원했다. 받아주지 않는 스승을 3년 동안 기다렸다. 결국 생트 콜롱브는 자신의 죽음 앞에 전수에 대한 책임감으로 합주를 허락했다. 회한과 눈물 속에 스승과 합주한 마레는 음악의 본질을 깨달으며, 음악은 왕이나 인간을 위한 것이 아니라 자신을 태우는 것임을 수용한다.

파스칼 키냐르에게 예술은 근원을 탐색하는 과정이었다. 그는 음악의 본질과 운명은 견딜 수 없을 만큼 몸이 지쳐 쓰러질 때까지 연주하는 데 있다고 말한다. 작가로서 그는 언어의 형식을 넘어서, 언어의 근원에 닿는 글을 쓰고자 했다. 그렇다면, 글쓰기에서 언어의 근원은 어떻게 구현될 수 있을까?

글쓰기는 고독한 일이다. 나는 대가를 바라지 않고 책을 읽고 글을 쓸 때는, 깨어나는 인식 그 자체가 그저 행복이었다. 새로운 개념을 받아들이고, 과거를 해석하며 인생을 반추하는 과정이 그저 기쁨이었지만, 세상의 흐름에 부응하고자 환호를 바라고 글을 쓰면 어딘가 경직되고 의도성이 드러나 가식적으로 보였다. 밋밋하고 건조한 글은 쉽게 쓴 글처럼 보여, 어렵고 낯선 단어로 화려하게 치장해 보아도 속살이 드러나지 않았다. 유려해 보일지는 몰라도 어색하기 짝이 없고, 말하고자 했던 근원은 감춰졌다. "예술은 누구에게 제공하기 위한 것도 아니고, 무엇의 모방도 아니다."라고 말한 키냐르의 말이 나의 갈등을 위로해 준다.

글을 읽고 쓰는 순간도 그저 즐기고 싶다. 음악을 자연의 본성처럼 받아들이듯, 읽고 쓰는 일 역시 근원을 향한 마음의 여행이라 여기며, 얽매이지 않으려 한다. 그저 내 할 일을 하며 나의 삶을 완성한다는 마음으로, 콜롱브처럼 자신을 태우면 되는 일이라고 믿고 싶다.

세상의 모든 아침은 두 번 다시 오지 않는다. 현재진행형으로 흘러가는 그날의 음악이 다시 재현될 수 없어 유일하듯, 글을 읽고 쓰며 솟아나는 사유와 감성 또한 매번 예기치 못한 세상의 숨결을 다르게 펼쳐낸다. 활과 현이 서로 비비며 상처 내는 소리처럼, 시시때때로 부대끼는 내 마음도 순간의 깊이를 지닌다. 음악이 찰나의 감정을 실어 흐르듯, 사유와 감성도 매 순간 고유한 떨림으로 흔들린다.

말러리안

거장의 음악은 삶을 노래한다. 교향곡과 협주곡에 귀를 기울이면, 감정의 파도처럼 넘실대는 인생의 희노애락이 서서히 드러난다. 자연의 변화와 삶을 대변하는 악기들의 선율이 어우러져, 인간의 애환을 섬세하게 그려낸다. 거장의 음악에는 인간의 경험과 감정, 철학이 깊이 스며 있어, 듣는 이로 하여금 자신의 삶을 되돌아보게 한다.

한 해의 시작과 끝을 장식한 부산 시립교향악단의 선택은 구스타프 말러의 음악이었다. 2024년 1월에는 교향곡 제1번, '거인'을, 12월에는 교향곡 제2번, '부활'을 연주했다. 말러 교향곡 1번은 청춘의 희망과 절망을 담아낸 자기 고백이며, 말러 교향곡 2번은 가족의 잇따른 죽음과 무거운 책무, 등 어려운 시기를 부활하게 만든 작품으로, 예술과 존재에 대한 근본적인 질문을 던진다. 초보 음악 애호가는 점점 말러의 인생이 궁금해지기 시작한다.

구스타프 말러는 후기 낭만주의 시대를 대표하는 오스트리아의 작곡가이자 지휘자이다. 오스트리아에서는 보헤미안으로, 독일인들 사이에서는 오스트리아인으로, 세계에서는 유대인으로, 그는 어디에서든 완전히 환영받지 못하는 이방인이었다. 부모와 형제,

자식을 잇따라 잃으며 삶의 부조리 앞에 좌절하고 방황했다. 그는 경계인으로서 음악을 돌파구 삼아 인간의 고뇌와 구원을 깊이 탐색했다.

말러는 28세에 교향곡 1번을 초연했다. 기존 교향곡과 달리 다양한 음악 양식이 혼합되어 초연 당시 청중의 야유를 받기도 했다. 직접 음악을 들어보니, 전통적인 교향곡과는 확연히 다른 선율이었다. 말러 특유의 메시지가 그만의 방식으로 곳곳에 배어 있었다. 자연의 소리가 들리는 숲속에 들어선 듯한 느낌이 들다가도, 익숙한 선율이 다양한 악기로 캐논처럼 연주되고, 갑작스러운 폭풍우가 몰아치듯 긴장감이 고조되기도 한다. 2025년 신년을 맞아 다시 한번 말러 교향곡 1번을 들으며, 작곡가의 내면을 깊이 들여다본다.

1악장은 자연의 아침 풍경을 잔잔하게 묘사한다. 여명이 밝아오는 숲속에 팡파르가 울리고, 아침을 깨우는 새소리가 퍼질 때, 누군가가 유유자적 들판을 거니는 모습이 그려진다. 안개를 걷어내며 하루를 시작하는 그의 발걸음은 희망에 차 있고 거침이 없어 보이지만, 불쑥 등장하는 긴장감 어린 선율은 순탄치 않은 여정을 예고한다. 그럼에도 불구하고 신념을 품고 굳건히 나아가는 그 모습에서는 호탕한 생의 의지가 느껴져, 다음 악장에서 펼쳐질 여정이 더욱 기대된다.

2악장은 힘차고 생동감 있게 시작한다. 마치 돛에 바람을 단

듯, 거침없이 꿈을 펼치는 젊은이의 탄탄대로가 느껴져 그저 희망차다. 누군가의 손을 잡고 춤을 추는 듯한 왈츠 가락 속에서 부풀어 오른 감정은 사랑으로 피어나는 듯하다. 일과 사랑을 모두 거머쥘 수 있다면, 인생에서 더 바랄 것이 없다는 메시지를 전하는 듯하다.

3악장은 죽음과 슬픔을 다루는 장엄하고 엄숙한 선율로 시작된다. 초반에는 귀에 익은 동요, '프레르 자크(형제 자크)'의 선율이 들려온다. 아이들에게 자장가로 불러주던 익숙한 가락, "도레미도 도레미도 미파솔 미파솔"로 이어지는 음률이 단조로 울려 퍼지며, 장송곡처럼 여러 악기의 돌림으로 연주된다. 교향곡에 동요를 차용한 것은 아이러니하지만, 이는 어린 시절의 비통한 경험에서 비롯되었다. 말러는 14명의 형제 중 8명을 여러 이유로 잃었다.

그는 프랑스 화가, 자크 칼로의 〈사냥꾼의 장례식〉 ─ 동물들이 사냥꾼의 관을 들고 행진하는 장면 ─ 에서 영감을 받아 이 악장을 작곡했다. 기묘한 조합은 잔혹 동화의 한 장면처럼 연상되며, 가장 인상 깊은 악장으로 남는다. 젊은이의 아픔과 방황이 고스란히 느껴진다. 그렇다. 인생은 결코 쉽지 않다. 원하는 대로 되지 않을 때, 우리는 종종 어둠에 갇히고 만다.

4악장은 폭풍처럼 격렬하다. 가혹한 운명에서 벗어나기 위해 처절한 투쟁처럼, 빠르고 힘찬 팀파니의 선명한 울림이 박차를 가한다. 위기를 벗어나려는 도약의 발걸음 위에 애잔하고 부드러운 선율이 얹혀져 위안을 준다. 기립한 호른 연주자들이 클라이

맥스를 장식하며, 곡은 희망에 찬 감동의 피날레로 이어진다. 위기를 딛고 다시 일어서는 듯한 강렬한 감정에 심장이 뛰고, 환희가 느껴진다. 1월에 듣는 말러 교향곡 1번은 새해 시작의 힘찬 도약의 가능성을 가슴 깊이 품게 하는 마력을 지녔다.

말러 교향곡 5번의 4악장은 영화의 서사를 절묘하게 담아낸다. 박찬욱 감독의 영화, 〈헤어질 결심〉에 삽입되어 들을 때마다 영화 속 한 장면이 떠오른다. 19살 연하의 부인, 알마 말러에 대한 사랑으로 작곡된 이 음악은, 현악기와 하프만으로 연주되어 애잔한 사랑의 감정을 고요히 드러낸다. 죽어서라도 연인이었던 형사(박해일)의 기억 속에 남고 싶었던 살인 용의자, 그녀(탕웨이)는 스스로를 바다의 모래 속에 파묻으며 영원한 미결 사건으로 남아 형사에게 각인되길 원한다. 말할 수 없는 금지된 사랑, 열정적이면서도 거칠고 비극적인 사랑이 애절하다 못해 가슴에 사무친다.

말러 교향곡 9번은 절망과 슬픔의 감정을 넘어서는 '죽음의 교향곡'이다. 상실의 순간에도 죽음을 초월한 숭고한 카타르시스가 고조되며, 더 이상 두려움 없이 죽음을 맞이한다. 당시 말러는 심장병으로 죽음을 예견하며 절박한 심정으로 이 곡을 작곡했다. 죽음 너머의 무엇이 있었기에 그는 끝내 위안을 얻고 달관의 선율로 마무리할 수 있었을까.

이 음악을 자주 들었던 시기는, 잘못된 관행으로 목숨을 잃거나 처참한 현실에서 억울한 삶을 견뎌야 했던 사람들의 이야기를 바탕으로 글을 쓰며 그들을 대변하고자 했던 때였다. 그 감정에 젖기 위해 말러 교향곡 9번을 들었다. 절망의 바닥까지 치달았지만, 그 끝자락에서 알 수 없는 희망이 새어 나왔다. 특별한 감정이 인생의 한켠을 차지하며 낯선 감정이 나에게 밀착되던 그 시기, 말러 교향곡 9번의 선율은 그 감정을 조용히 감싸안았다.

 말과 글에 갇혀 헤맬 때 나는 음악을 듣는다. 음악의 감성은 손에 잡히지 않는 안개처럼, 언어로는 온전히 담아낼 수 없다. 마음 가는 대로 감상해도 좋고, 타인의 평가에서 벗어나 자유롭게 표현해도 무방하다. 음악은 내 감정에 충실할 수 있는 시간을 준다. 마음의 본능을 따라 나비처럼 날아간다.
 나와 세상이 음악으로 어우러질 때 비로소 희열이 찾아온다. 작곡가의 삶과 곡의 배경이 선율에 스며들고, 어느 순간 그의 감정에 닿으며 익숙한 선율이 내 존재의 일부가 되어갈 때, 나는 저절로 음악과 사랑에 빠진다. 음표가 된 나는 구스타프 말러의 선율을 따라 흐르며, 마침내 깊은 울림 속으로 스며들어 그의 세계에 온전히 잠겨든다.

글렌 굴드, 무대에서 사라지다

그는 피아노 앞에서 사유하고, 웅얼거리며, 마치 날아오르듯 연주했다. 허리를 구부정하게 숙인 채 의자에 앉아 몸을 흔들며, 혼잣말처럼 흥얼거리며, 건반을 두드리는 모습은 그만의 독특한 연주 스타일이다. 서로를 밀어내면서도 동시에 조화를 이루는 스타카토적인 리듬은 마치 긴장감 어린 대화처럼 이어진다. 피아노와 하나가 된 글렌굴드는 황홀경에 빠져 연주에 몰입한다.

글렌 굴드(1932~1982)는 바흐의 〈골드베르크 변주곡〉에 대한 독창적인 해석으로 명성을 얻은 캐나다의 피아니스트다. 그는 기인이었고, 천재였으며, 고독한 연주자였다. 항상 휴대하던 작은 나무 의자에 앉아 피아노에 몸을 바짝 밀착시킨 채 연주했다. 전통적인 연주 방식에서 과감히 벗어나 자신만의 해석을 고수했으며, 철저한 분석과 재해석을 통해 완벽한 연주를 추구했다.

음악에 대한 철학적 고민이 컸을까? 그는 돌연 대중 앞 무대에서의 연주를 중단하겠다고 선언했다. 1964년, 피아니스트로서 정점에 오른 32세 이후 그는 스튜디오와 라디오 방송을 통해서만 연주했다. 피아노 연주자로서 대중과의 진정한 연결 고리를 상실했다고 느꼈기 때문이다. 대부분의 연주자들이 무대에 서기 위해 안달하는 것과는 달리, 그는 왜 스스로 무대에서 자취를 감췄을까. 그 선택의 근원은 어디에 있었을까.

관객과의 관계에 대한 불편함도 그를 무대에서 떠나게 한 이유 중 하나였다. 연주자들은 최상의 연주를 위해 자신만의 해석으로 고유한 음악을 창조한다. 물론 열심히 귀를 기울이는 청중도 있지만, 사회적 체면이나 분위기에 휩쓸린 겉치레식 청중의 태도는 그로부터 청중을 분리하게 했다. 눈과 입으로만 음악을 소비하는 대중으로부터 벗어나고자, 그는 은거를 선택했다.

음악적 완벽주의도 그의 선택에 한몫했다. 글렌 굴드에게 연주 홀은 음악을 듣기에 최적의 공간이 아니었다. 그가 선호한 것은 스튜디오 녹음이었다. 여러 번 반복해 연주할 수 있었기에 녹음을 더 선호했다. 그는 마치 꿈속 시간처럼 음악을 재배합하고, 거슬러 올라가며, 응축된 시간을 창조하는 그 과정을 즐겼다. 단 한 번의 연주로 음악이 소멸하는 것을 두려워했기에, 스튜디오 녹음은 시간을 되돌리며 이상적인 연주를 구현할 수 있는 방식이었다.

실황 연주를 선호하는 나에게 글렌 굴드는 이례적인 존재였다. 무대 위 음악은 그날의 분위기와 연주자의 감성에 따라 반복될 수 없는 일회성의 예술이다. 그 특별함은 매번 다른 감성을 불러일으킨다. CD를 통해서 듣는 음악처럼 반복된 녹음과 정교한 편집으로 완성된 최상의 연주는 아니지만, 현장에서 느끼는 생생한 정서와 감흥은 신선하게 다가온다. 나는 즉흥의 감각에 빠져들고자 자주 연주 홀을 찾는다.

반면, 시간을 되돌리고자 녹음을 선택한 굴드의 결정에도 충분한 명분이 있다. 무대 위의 음악이 주는 기쁨은 크지만, 소멸해 버린 시간은 신기루처럼 허망하다. 환상적이었던 무대의 순간은 금세 사라져 다시는 포착할 수 없다. 때로는 연습만 못한 아쉬운 무대가 되기도 하고, 반대로 연습 이상으로 탁월한 기량을 발휘해서 도취에 이르기도 한다. 연주자들이 무대에 사활을 거는 이유도 이 때문일 것이다. 아쉬움을 남기지 않으려는 굴드의 선택은, 최상의 음악을 위한 선택이었다.

나 같은 아마추어 음악인은 음악을 즐기는 데 의미를 두기에, 연주 결과에 크게 연연하지 않는다. 아마추어 음악인은 음악을 배워 어느 정도 숙련했지만, 그것을 직업으로 삼지 않은 사람이다. 그들은 자발적으로 모여 연대를 이루고, 노래하고 악기를 연주한다. 음악을 사랑하는 열정 하나로, 어떤 형식이든 자신의 방식으로 음악의 길을 간다. 음악적 성취를 입증할 필요가 없기에 도달해야 할 목표에 얽매이지 않고, 단지 노래하고 연주하는 그 시간이 선물처럼 소중할 뿐이다. 그들은 저 너머의 음악적 환상을 자유롭게 즐긴다.

합창을 시작한 지도 어느덧 10년이 넘었다. 어릴 때부터 피아노를 쳤고, 학창 시절에도 음악 관련 활동을 해왔다. 지금은 아마추어 음악인으로서 노래를 부르고 무대에 오르는 과정을 즐긴다. 음악 애호가들과 더불어 화음을 맞추며 시간을 나누는 일은 큰 기쁨이지만, 누군가 자신의 탁월함을 앞세우거나 서열을 매기기 시작하면 서서히 부담으로 느껴진다. 아마추어 음악인이라 해도 평가에는 민감하기 마련이다.

얼마 전, 합창단 연합으로 오케스트라와 협연해 헨델의 〈오라토리오 메시아〉를 불렀다. 오케스트라와 함께 호흡을 맞추는 공연은 언제나 특별한 감흥을 안겨준다. 세 차례의 총연습을 거쳐 본무대에 섰다. 테너, 베이스, 소프라노, 메조소프라노 솔리스트와 함께한 오케스트라와 합창은 서로 얽히고 맞물리며 웅장한 음악적 풍경을 그려냈다. 적절한 타이밍을 찾아 화음을 맞추는 과정은 섬세한 교감을 요구한다. 그것은 서로의 감각과 호흡을 읽어내는 예술이다.

무대에 오르기 전, 단원들은 묘한 설렘과 긴장 속에 있다. 무대 의상을 멋지게 차려입고, 심호흡하며 목소리를 가다듬는 시간은 마음 깊은 곳의 떨림과 기대가 서서히 절정에 이르는 찰나이다. 무대 단상에 올라서면, 연주자는 청중의 시선에 고조되고, 주인공처럼 스포트라이트를 받는다는 착각 속에서 자신의 기량을 마음껏 펼친다. 지휘자의 손짓을 따라가며 멋진 화음으로 음악의 향연을 만끽할 때, 일상에 묻힌 평범한 모습이 아닌, 조명 아래 당당히 빛나는 자신의 얼굴이 낯설게 느껴지기도 한다. 노래에 깊이 빠져든 연주자는 현실의 자아를 잠시 벗어나 마치 다른 세상으로 흘러가는 듯한 감각을 경험한다.

아마추어 연주자의 무아지경도 잠시뿐이다. 공연이 끝나면 재

빨리 구두를 벗고 일상의 옷으로 갈아입으며 평상시 모습으로 돌아간다. 무대의 흥분이 채 가시기도 전에 집으로 돌아오면, 환상 같던 무대는 사라지고 진부한 일상만이 자신을 맞이한다. 마치 신데렐라가 구두를 잠시 빌려 신었다가 돌려주는 기분이다. 화려한 무대 위의 나는 사라지고, 다시 평범한 일상의 나로 돌아온다. 소멸한 시간은 아쉬움을 넘어 먹먹하기까지 하다. 연주자는 공연 후의 허탈감으로 고독해진다. 음악은 어디에서 멈추고 현실은 어디서 시작되는지 모호해지는 순간이다.

예술과 삶의 가치에 대한 통찰은, 폴 고갱의 삶을 바탕으로 한 서머싯 몸의 《달과 6펜스》에서도 여실히 드러난다. 증권 중개인이던 스트릭랜드는 그림을 그리기 위해 현실을 떠나 타히티섬으로 향했다. 그는 물질적인 삶을 상징하는 '6펜스'를 벗어나, 이상을 뜻하는 '달'을 쫓으며 세속을 떠나 은둔했고, 오직 예술적 충동에만 몰두했다. 그의 예술적 열망은 사회적 관습과 인간관계를 과감히 배제한 채 존재했다.

예술적 이상을 좇는 인간의 갈망은 여전히 우리에게 같은 질문을 던진다. 세상에 존재하지 않는 근원적인 음악을 찾아, 아무도 없는 스튜디오에서 피아노를 연주하던 글렌 굴드의 모습이 떠오른다. 밀폐된 공간 속에서 모태 속에 있는 듯한 경험을 하며, 결코 닿을 수 없는 음악을 녹음했던 그는 철저히 세상과 거리를 두었다. 여름에도 코트, 장갑, 목도리를 착용한 그의 모습은 자신과 타인 사이에 차폐막을 두려는 의지처럼 보인다. '6펜스'를 버려야 비로소 미지의 '달'을 바라볼 수 있듯, 예술을 위한 나와 세상 사이의 경계가 어디까지인지 곰곰이 되짚어본다.

합창의 기호 2

 말은 때로 의도와 다르게 전해진다. 능숙하게 언어를 구사한다 해도, 정작 속마음을 온전히 전달하는 데는 여전히 서툴다. 에둘러 돌려 말하고, 격식을 차리다 보면, 진의는 흐려지고 만다. 사람들은 각자의 방식으로, 제 편의에 따라 말을 다르게 해석한다.
 말보다 먼저 인간의 의사소통을 가능하게 한 것은 음악이었다. 인간이 말을 통해 의사를 전달하기 시작한 것은 불과 8만 년 전의 일이다. 그 이전에는 음악과 유사한 흥얼거림이나 외침으로 감정을 표현했다. 걸러지지 않은 솔직한 감정 표현이, 어쩌면 능숙한 말보다 더 끈끈한 유대감을 만들어 주었을지도 모른다. 음악을 통해 마음의 위안을 얻는 본능은 그렇게 시작되었을 것이다.
 음악은 감정을 소환하고 되살린다. 선율을 통해 기쁨, 슬픔, 사랑 같은 감정이 표현되고, 심리적 안정과 감정의 치유를 안긴다. 함께 노래하고 연주하며 삶의 희로애락을 나누는 가운데, 우리는 보이지 않는 끈으로 서로 연결되는 듯하다. 음악을 통해 타인의 감정에 공명하고 위로받지만, 음악이 끝난 뒤에도 그 감정의 연결이 지속될 수 있을까?

그 시절, 나는 모든 상황이 막막하고 불안하게 느껴졌다. 40대 후반, 이루지 못한 삶의 미련이 마음을 조여 오면서 어디선가 그 상실을 메워야만 할 것 같은 절박감이 나를 지배하고 있었다. 시댁과 친정 부모님이 잇달아 병마에 시달리며 응급실을 자주 드나들었고, 아이들의 대학 입시를 앞두고는, 정작 아이들보다 내가 더 민감하게 날을 세우며 초조함을 감추지 못했다. 어두컴컴한 방을 나서다 문 모서리에 눈결을 찌른 듯한 날 선 통증, 그것이 당시 내 마음의 상태였다.

음악은 생기 없던 삶에 자극제로 다가왔다. 한동안 피아노도 치지 않았고, 노래도 부르지 않았다. 이사하면서 공간을 많이 차지하던 피아노를 전자피아노로 바꾸었다. 그 안에 내장된 깊은 울림의 오르간 소리를 특히 좋아했지만, 몇 번 치지도 않은 채 방치해 두었다. 그러다 합창을 시작하면서 전자피아노의 전원을 다시 켰다. 어린 시절, 피아노는 감정을 발산하던 나만의 매개체였다. 대가의 악보를 연주하며 무수한 감정이 오가던 순간을 즐겼고, 자신을 넘어서게 하는 선율의 감각에 취하곤 했다. 다시 칠 수 있을까 염려하며 예전의 악보를 펼쳤는데, 손가락의 기억이 이끄는 대로 선율이 흘러나왔다. 오래도록 묵혀 두었던 손끝의 감각이 잊고 있던 멜로디를 되살리며, 한 줄기 희망을 넌지시 건넸다.

삶의 돌파구로 찾았던 합창이 글쓰기로 이어진 것은 자연스러운 흐름이었다. 노래를 부를 때마다 묻어둔 깊은 욕망이 시처럼 피어났다. 목마름을 채우듯, 어떤 이야기든 글을 써내고 싶어졌다. 약동하는 감정은 그렇게 시작되었다. 합창의 선율을 통해 되살아난 찰나의 감정은 나로 하여금 자신을 표현하게 만들었다. 주변과의 조화만을 우선시하며 근원적 욕망을 외면해 왔던 나의 삶을 되짚는 시간이기도 했다.

지휘자는 유려한 화음을 지닌 다양한 곡을 선정했다. 하나의 고전 작품을 세밀히 읽어내듯, 각 마디마다 자신의 영감과 철학을 불어넣었다. 음률마다 연상되는 이미지와 감정을 입혀 단원들의 감성을 자극하여 몰입하게 이끌었다. 반복을 통해 가장 완벽한 소리를 찾아내는 과정은, 마치 최선의 단어와 문장을 고르기 위해 퇴고하듯 섬세하게 다듬어지는 작업이었다.

음악의 영감은 창작의 원천이 되었다. 베일에 가려졌던 감정과 굴곡진 삶의 숨겨진 결들이 노래의 다음 멜로디처럼 언어로 발화되어 표현되었다. 감정의 불순물 같은 소음이 걷히자, 미지의 언어들이 자유롭게 흘러나왔다. 엉켜 있던 감정은 자연스러운 글체로 풀려 적소에 놓였고, 음악의 리듬을 닮은 문장들이 차례로 배치되었다. 음악을 통해 어설펐던 나의 문체도 점차 제자리를 찾아갔다.

사유의 골은 점점 깊어졌다. 결과에 연연하지 않고, 순간의 인식 그 자체가 학문의 당위성이었다. 문장으로 표현된 사유는 잊혀졌던 과거를 되살리고, 의미를 부여하며 손에 잡힐 듯 다가왔다. 각인된 과거가 다시 들춰져 선명한 장면으로 펼쳐질 때면, 그것은 한 폭의 수채화처럼 그려졌다. 의미 없이 여겨졌던 과거는 저마다의 빛깔을 지낸 채, 현재와 맞물려 이어지고 있었다.

합창과 글쓰기는 맞물려 시너지를 일으켰다. 책을 읽고 쓰며 확산된 감정의 결은 깊은 울림을 만들어냈고, 소리의 파동은 사유의 결을 촘촘히 엮어냈다. 진동으로 퍼지는 소리는 공간을 넘어 어디론가 달려갔고, 특정 화음이 완성되는 순간의 희열은 또 다른 결말을 향해 나아가듯 글쓰기의 몰입으로 이어졌다.

몰입의 기운이 스며들어 인식의 희열을 안겨 주었다. 정독을 반복하는 가운데, 해독이 필요한 문장 속에서 진수가 드러났고, 새로운 인식이 열리는 경이로운 순간이 찾아왔다. 문학과 음악의 정수는 밀도 높은 반복을 통해 서로의 빈자리를 채우며, 점차 빛을 발하기 시작했다.

합창과 글쓰기는 서로를 견인하며 에너지를 증폭시키지만, 정작 사람과 사람 사이의 관계는 점차 느슨해졌다. 내면 깊이 들어가 삶의 이면을 마주할수록, 오히려 사람들과의 거리는 멀어져 갔다. 예술적 사유가 깊어질수록, 인간관계라는 실질적인 연결과 그 지속성에는 분명한 한계가 드러났다.

지휘자는 최고의 극작가처럼 합창이라는 대본을 구성한다. 분리된 개인의식을 하나로 모아 공동의 목소리를 만들어내고, 궁극의 합창 선율은 오묘한 화성의 견인력으로 감정을 공유하게 하며, 타인과의 간격을 서서히 좁혀 가도록 이끈다.

합창의 어울림은 그 순간만큼은 보이지 않는 끈으로 묶인 듯한 느낌을 준다. 웅크린 마음의 공백에 타인의 울림이 스며들고, 떠도는 마음을 순간이나마 부드럽게 안착시킨다. 조화로운 화음은 마음의 차단 고리를 느슨하게 풀고, 깃털처럼 가벼워진 목소리는 공간을 맴돌며 마음의 빈틈을 살며시 채우는 듯하다.

　음악이 사라지자, 서로의 경계에 다시 빗장이 내려진다. 선율이 잦아들며 숨결을 나누는 듯한 환상의 친밀감도 이내 허공으로 흩어진다. '우리'라는 테두리를 벗어나 각자의 고요 속으로 돌아간다.

내면의 색채

✕

예술은 어느 주제에 관해 몇 가지 요점을 아는 것이 대단하게 여겨지는 세상을 경멸하는 것처럼 보인다. 요점이야말로 예술이 절대 내놓지 않는 것이다. 예술 작품은 말로 단번에 요약하기에 너무 거대한 동시에 아주 내밀한 것들을 다루는 경우가 많고, 오히려 침묵을 지킴으로써 그런 것들에 관해 이야기한다. 예술은 실제로 마주하면 나를 멈추게한다.

— 나는 메트로폴리탄 미술관의 경비원입니다(패트릭 브링리)

바로크 진주

울퉁불퉁 제멋대로 생긴 진주가 있다. 불규칙한 모양으로 변형된 진주를 '못난이 진주'라고 부른다. 우리가 선호하는 온전한 구형의 은색 광택을 발하는 진주의 이미지에서 벗어나 변형된 모양을 갖고 있다. 17세기 유럽의 음악, 미술, 건축 양식을 지칭하는 '바로크'는 이 진주에서 유래한 이름이다. 바로크 진주는 포르투갈어로 '일그러진 진주'를 뜻한다.

격식을 갖출 때 온전한 구형의 진주 세트를 꺼낸다. 반지, 귀걸이, 목걸이로 이루어진 한 세트만 있으면 어떤 옷에든 우아한 품위를 달아준다. 보석함 속에 정연히 전시된 진주 세트는 도도하게 빛을 발하며 특별한 날을 위해 품격을 비축하지만, 일반화된 우아함만 선사한다. 반듯한 진주는 누구나 갖고 있어 개인의 독자성은 드러내지 못한다.

바로크 진주 목걸이는 다양하다. 하얀색에서 짙은 회색에 이르기까지 색도와 명도를 달리한다. 진주 결의 무늬가 제각기 다르고 반사되는 각도도 다르다. 납작하게 눌린 진주는 밥알을 모아 놓은 것처럼 보이지만 앙증맞다. 바로크 진주 목걸이는 옷에 매치하면 개성적인 멋을 살려낸다.

내가 바로크 진주 같다. 표면이 매끄러운 원형의 진주보다 굴곡이 있는 바로크 진주에 마음이 더 이끌린다. 남이 잘 닦아 놓은 길에 다니는 순조로운 사람보다 이리저리 충돌하면서 자꾸 균열을 일으키는 사람에게 마음이 간다. 세련되고 매끄럽지 않지만, 그 사람만의 진의가 느껴지면 다가서고 싶어진다. 배짱이 두둑해 보이고 과감해 보이지만 실상 너무 예민해서 쉽게 상처받는 사람에게 먼저 말을 건네고 싶다. 자유로운 감성에 자석처럼 이끌린다.
　원형의 진주 같은 사람에게 잠시 멈칫한다. 항상 성실하고 모범적으로 생활하며 한 번도 자신의 노선에서 벗어난 적 없는 사람은 반듯해 보이지만, 친근하게 다가서기엔 왠지 망설여진다. 한 치의 실수도 허용되지 않을 것 같은 불안감이 앞선다. 너무 투명해서 빛이 나지만, 이성적인 감성으로 빈틈이 없어 보이기에 쉽게 다가서지 못하는 선이 있다.
　실수투성이고 감정 표현이 극적인 사람은 바로크 진주 같다. 좌충우돌 충돌하면서 자신의 인생을 찾아가는 이들에게는 솔직담백한 매력이 있어, 나도 모르게 다가가 말을 걸게 된다. 모난 돌이 정 맞는다고, 그들의 실수가 마음에 쓰이지만, 앞뒤 재지 않는 순수함과 추진력이 묘하게 사람을 끌어당긴다. 혼돈의 과정을 고스란히 겪으며 옹골차게 자신의 길을 가고 있는 모습에 오히려 뿌듯해진다.
　언제나 똑같은 모습을 유지하며 살아갈 수는 없다. 시기에 따라 조금씩 변화되는 모습을 드러내며 살아간다. 현실에 부딪히는 상황에 따라, 때로는 모든 기준에 들어맞는 매끄럽고 곧은 원형의 진주가 되기도 하고, 때로는 모순이 드러나고 틈이 생긴 울퉁불퉁한 바로크 진주가 되기도 한다. 단지 발현의 시기가 다를 뿐이다. 우여곡절의 과정을 겪고 고통을 감내하며 내면의 깊이를 더해간다.

다른 생을 살아왔고 추구하는 가치가 다른데, 어떻게 동일한 패턴으로 자신을 구현할 수 있을까? 정해진 방법에만 의존하는 삶은 진정한 삶이 아니며, 정형화된 틀에 갇힌 예술도 진짜 예술이라 할 수 없다. 온전한 구형의 진주처럼 그럴싸한 지름길을 가다 보면 남의 옷을 입은 것처럼 어색할 수도 있다. 맞지 않는 옷은 거추장스럽고 불편해서 남의 것을 차용한 과장된 몸짓만이 남아있을 뿐이다. 조금은 어색하고 균형이 맞지 않아도 본래 그대로의 날 것의 모습이 살아있으면 세련되지 않아도 진실한 면목을 드러낼 수 있다.

천편일률적인 반듯한 틀에서 벗어나지 않는 생각에서는 글이 자라나지 않는다. 자유로운 감정을 풀어내야 하는 글이 형식에 매여서 또 다른 굴레로 조여 오는 느낌이다. 보들레르의 글을 읽으면 숨통이 트인다. 형식을 완전히 파괴한 보들레르의 산문시를 읽으면 시의 형식을 파괴한 산문에서 시적 요소가 강렬하게 다가선다. 시적 문장들이 보들레르의 독자적 노선 속에 화려하게 기교를 부리며 강렬한 울림을 뿜어낸다.

패턴화된 방법에서는 새로운 생각이 벽을 뚫고 자라나지 못한다. 선명한 색을 표현하려면 비탈길도 오르고, 좁은 골목길도 지나며, 에움길의 구불구불한 이면을 터득해야 한다. 일그러진 진주에 새살이 돋아 빛을 발하는 순간은 바로 그때부터 시작된다.

균형 잡힌 동그란 진주는 높은 가치를 띤다. 반면, 바로크 진주는 상품성이 낮고 질이 떨어진다고 여겨지지만, 진주층의 빛이 산란과 반사를 일으켜 생기는 광택인 오리엔트 효과는 바로크 진주가 탁월하다. 진주를 평가하는 요소에는 광택도 포함된다.

괴상하고 울퉁불퉁하며 일그러져 있다고 해서 의기소침할 필요는 없다. 매끄럽고 정형화된 구형의 진주보다 자신의 개성을 고수하는 고르지 못한 바로크 진주가 도리어 독특한 매력을 발산한다. 일그러진 진주는 다양한 빈티지나 복고풍 스타일도 창조할 수 있는 가능성을 지닌다. 바로크 진주는 다채로운 색을 반사하는 광택으로 오묘한 빛을 발하며, 유일무이한 매력을 자아낸다.

영화 속 한 장면처럼

 세상 속 나는 무수한 사람들 속에 한 사람일 뿐이다. 특별할 것 없는 나의 발걸음은 그저 또 하나의 흔적이다. 바람결에 흔들리는 들풀이나 모래 위의 발자국처럼 금세 잊혀지고 지워지지만, 시간의 연륜이 켜켜이 새겨진다. 축적된 세월의 흔적은 분신처럼 몸 어딘가에 독특한 지문을 남긴다.
 사람들의 얼굴에는 세월의 흔적이 묻어난다. 시간의 무게와 삶의 이야기가 오래된 나이테처럼 배어 있다. 수많은 계절을 지나온 굴곡과 소란스러움과 고요가 담겨 있다. 삶이라는 무대에서 매 순간을 살아내며 숨겨진 상처마다 이야기의 깊이를 더해간다. 누구와도 같은 경험을 공유하지 않고 고유한 일상을 펼쳐간다.
 한 컷의 사진이 영화의 한 장면처럼 강렬하다. 서울 롯데 뮤지엄에서 열리고 있는 알렉스 프레거의 사진전이다. 관람 전, 아트키 앱을 미리 설치하고 유료 자료를 내려받아 전시 내용을 훑어보았다. 한적한 평일 오전에 마주한 사진들은 단번에 시선을 사로잡는다. 인생의 찰나 하나하나가 인생이라는 영화를 찍고 있다.

 알렉스 프레거(1979~)는 미국 로스앤젤레스 출생의 사진작가로, 영화 속의 한 장면 같은 사진을 연출해서 호응을 받고 있다. 그녀는 특유의 생생한 색감과 미스터리하고 치밀한 연출로 극적인 감정을 포착한다. 그녀의 사진은 팽팽한 긴장감과 복합적인 감정선을 연출해서 다양한 감정들이 뜨겁게 대립되지만 조화롭게 살아가는 개개인이 영화의 주인공임을 예시한다.

〈라 그랑드 소르티(La Grande Sortie)〉는 무대 공포증과 싸우는 발레리나의 이야기이다. 산만하게 하품하는 관람객과 관심을 내비치는 관람객의 시선 사이에서, 땀으로 번진 어설픈 화장을 한 발레리나가 불안에 떨며 춤을 추고 있다.

〈수지 앤 프렌즈(Susie and Friends)〉는 젊은 여성들의 다양한 감정을 담았다. 아무 생각 없이 웃기도 하고, 심각한 표정으로 노려보거나 냉소적으로 쳐다보기도 한다. 밝고 화려한 파티장이라는 배경 속에, 현실의 그림자는 불안한 인간의 감정들이 만연하다.

〈페이스 인 더 크라우드(Face in the Crowd)〉는 공항터미널, 연회장 로비, 영화관 등의 공공장소에서 압도적인 군중들을 통해 집단과 개인이 느끼는 섬세한 감정과 심리적 변화를 포착한다. 알렉스 프레거의 사진은 사람의 내면의 풍경을 섬세하게 들여다본다.

알렉스 프레거의 사진들은 등장인물 각자가 영화배우처럼 연출되어 독특한 인상을 남긴다. 사진을 보면 '무슨 일이 벌어지고 있지?'라는 궁금증이 생기며, 다음 장면을 상상하게 된다. 영화관이나 공항에서 찍힌 군중들의 표정을 보면 개성 없는 사람이 없다. 군중 속에서도 각자의 개별성이 빛나며 차별화되어, 누구도 조연이 아닌 주인공처럼 연출된다.

때로는 영화 주인공처럼 갈채를 받으며 빛나는 시간이 필요하다. 전시장에서 출구로 나가기 전, 큰 화면의 영상에는 객석에 앉은 많은 사람들이 우레와 같은 박수를 치고 있었다. 관람객 누구나 무대 위 단상에서 선 주인공처럼 그들의 갈채를 받았다. 한 번쯤은 자신을 향한 갈채를 기대하는 대중의 심리를 작가는 마지막 전시에서 연출했다. 비록 영상 속 대중이지만, 환호를 받으며 마치 영화의 주인공처럼 출구로 나오는 기분은 짜릿했다. 삶이 영화의 주제가 되고 나 자신이 주인공이 되는 전시회였다.

사진 속 나의 모습은 천편일률적이다. 속마음과 달리 같은 표정을 짓는다. 세월의 흐름 속에 내면의 파도는 겉으로 드러내지 않고, 솟구치는 불씨를 조심스럽게 감추어 흔적을 남기지 않는 노련함을 지닌다. 알렉스 프레거의 사진처럼 역동적인 감정을 표현하고 솔직한 표정을 드러내며, 영화 같은 순간을 마음껏 연출하는 상상에 잠시 빠져든다. 잊혀졌던 나의 모습이 다시금 꿈틀거리며 되살아난다.

삶은 지루하고 평범해 보인다. 면밀히 들여다보면, 지속적으로 흐르는 삶의 힘은 개인의 끈기와 세밀한 계획 속에서 지속된다. 예사롭고 동일해 보이는 시간은 없다. 손 틈새로 금방 빠져나가는 순간을 온전히 경험하기란 어렵기에, 우리는 그 일부만을 간신히 붙잡을 수 있을 뿐이다. 작고 평범해 보이던 것들이 얼마나 매혹적으로 변하는지를 느끼게 해준 사진전이었다.

인생의 명작은 영화의 한 장면처럼 몰입하는 순간에 탄생한다. 주춤거리고 삐걱거리며 휘청거리는 순간일수록 더 깊이 빠져들어야 감동의 한 컷이 완성된다. 기쁨, 슬픔, 분노의 감정도 오롯이 받아들일 때 비로소 명장면이 연출된다. 일상 속에 반복되는 의미 없는 루틴조차 독립 영화의 한 장면이라 상상하면, 세세한 감정들이 잔잔한 감동을 이어간다. 나는 지금도 시간을 견디며 성장 다큐멘터리 한 컷을 찍고 있다.

매일 아침 눈을 뜨며, 영화의 주인공처럼 특별한 하루를 기대한다. 일상의 사소한 순간에도 의미를 담고, 사람들과의 만남에도 깊이를 부여하며, 매 순간을 클라이맥스처럼 연기 하듯 살아본다. 복선과 의미를 엮어가는 이 소중한 시간 속에서, 소소한 일상이 찰나의 보석처럼 반짝인다.

내면의 자화상

돌담길을 걷는 기분이 윤슬 같다. 햇빛에 반사된 마음이 잔물결처럼 일며 설렌다. 거리 공연으로 무르익은 기타 선율이 덕수궁으로 향하는 정동길을 따라 흐르고, 그 소리에 이끌려 사람들이 모여든다. 알록달록한 단풍이 물든 가을의 돌담길도 운치 있지만, 5월의 초록 풍경은 한층 더 싱그럽다. 서울시립미술관에서 열리는 에드워드 호퍼 전시를 보러 가는 길, 봄기운이 완연하다.

혼자만의 시간은 꽃이슬 같다. 노란 꽃잎 위에 반짝이는 투명한 이슬처럼 마음이 고요하고 오롯하다. 혼자이기에 동행자의 취향이나 일정에 신경 쓸 필요 없다. 가방을 보관함에 맡기고, 미술관 데스크에서 설명 기기를 대여하면 준비는 끝난다. 이어폰을 끼고 해설을 들으며 그림을 찬찬히 들여다본다. 들쑥날쑥 솟아나는 감정이 총천연색으로 번져간다.

에드워드 호퍼(1882~1967)의 그림은 우리 내면의 자화상과도 같다. 그는 20세기 초, 현대인이 마주한 일상과 정서를 독자적인 시각으로 화폭에 담아낸 미국 현대 회화의 대표적인 화가이다. 호퍼는 "말로 표현할 수 있다면 그림을 그릴 필요가 없다"라고 말하며 그림의 표현력을 강조했다. 그의 작품은 내면의 무의식을 말이나 글보다 효과적으로 담아낸다. 고립과 단절, 소외가 만연한 현대인의 감정이 그의 그림에 고스란히 녹아 있다.

파리의 한 카페에 일곱 명의 사람들이 앉아 있다. 왼쪽 구석, 중절모를 쓰고 담배를 문 남자가 보인다. 투박한 손으로 보아 노동자인 듯하지만, 어딘가 고독해 보인다. 중앙에는 날카로운 콧날과 붉은 수염을 지닌 남자가 앉아 있는데, 반 고흐를 연상시키는 외모다. 그의 옆에는 흰색 견장이 도드라진 감청색 재킷과 빨간 바지를 입은 프랑스 군인이 앉아 있어 강한 대비를 이룬다. 맞은편에는 하얀 광대 옷을 입고 피에로 분장을 한 남자가 괴기스러운 모습으로 담배를 물고 있는데, 고립된 듯한 우울감이 감돈다. 그 뒤로는 가슴이 훤히 드러난 초록색 원피스를 입고, 붉은 색조의 화장을 한 매춘부가 서 있다. 주변 분위기와 어울리지 않게 도도한 표정을 짓고 있다. 오른쪽에 앉은 부르주아 중년 부부에게서는 서로에게 관심을 상실한 권태감이 엿보인다.

이 묘사는 에드워드 호퍼의 작품, 〈푸른 저녁〉을 기반으로 한다. 파리의 카페 안, 다양한 계층의 사람이 있지만, 누구도 시선을 마주치지 않고 대화도 나누지 않는다. 그들 사이에는 공통점이라곤 찾아볼 수 없다. 각자 당면한 문제에 몰두한 채, 타인을 돌아볼 여유조차 없는 듯 서로에게 철저히 무관심하다. 인물들의 내면에서는 '나 좀 그냥 내버려둬'라는 속삭임이 새어 나온다. 오히려 같은 장소에 함께 있다는 사실이, 그들의 고립감과 단절감을 선명하게 드러낸다.

같이 있으면서도 외로울 때가 있다. 한 테이블에 앉아 서로 다른 대화를 나누는 순간, 서로의 틈 사이로 이질감이 파고든다. 누군가 상대방을 배려하지 않고 일방적으로 자신의 이야기만 계속 꺼내면 멍해지기 일쑤다. 그런 경험이 반복되면, 누군가 마음을 열고 다가오려 해도 미리 방어막부터 치게 된다. 과도하게 자신을 드러내는 태도는 오히려 부담으로 다가온다.

단체 모임의 단합 대회 겸 회식이 시외에서 있었다. 왕복 세 시간이 걸리는 거리를 혼자 운전하기 지루할 것 같아 4명이 함께 한 차를 탔다. 그중 두 명은 잘 몰랐지만, 친해질 기회라고 생각했다. 차에 탄 지 10분 만에 카풀을 후회했다. 첫 대화부터 어긋나기 시작했다. 내가 옹졸해서 그런 것 같아 불편한 마음을 숨기고 웃으며 대화를 이어갔지만, 상황은 점점 태산 같았다. 대화의 결이 너무 달랐다. 상대방은 자신을 드러내기에 바빠 상대방의 말을 듣지 않았다. 인정받고자 하는 마음이었겠지만, 나의 선입관이 작동하며 제대로 호응하지 못했다. 동석한 시간이 너무 불편했다는 것은 서로 직감했다. 특별한 이유를 댈 수 없지만, 그 불편한 감정은 며칠 동안 나를 들쑤셨다.

100여 년 전 안톤 체호프(1860~1904)의 희곡 〈바냐 아저씨〉에 비슷한 장면이 나온다. 〈바냐 아저씨〉는 그의 4대 희곡 중 하나이다. 등장인물들이 의미 없는 말을 동분서주하며 늘어놓지만, 서로의 말에 대꾸하지 않고 자기 말만 하는 장면에 관객은 웃음을 터뜨리기 일쑤다. 이러한 일상은 여태껏 이어져 온 우리 삶의 단면이기도 하다. 서로가 각자 다른 언어를 구사하듯 소통되지 않는 모습이다. 큰 사건은 없지만 소통의 부재가 극의 중요 요소로 작용했던 고전의 위대함이 오늘날 삶 속에서도 여전히 재현되고 있다.

호퍼의 그림에는 엿보는 장면들이 많다. 그는 사적인 공간에서 펼쳐지는 도시 풍경의 단면을 직접 개입하지 않고 멀리서 지켜본다. 〈밤을 지새우는 사람들〉과 〈밤의 창문〉이 대표적인 작품이다. 어두운 밤과 창문 너머의 따뜻한 빛이 대비를 이루며, 도시 속 개인의 고립과 인간관계의 단절을 보여준다. 창문은 외부 세계와의 연결 통로이자 동시에 단절과 소외의 상징이기도 하다. 호퍼는 단정 짓지 않고 틈을 두어 상상의 여지를 남기는 관계를 그려낸다.

오늘날 우리는 모두 에드워드 호퍼의 그림과 같다. 풍경 너머 내면의 자화상을 간직한다. 구구절절한 자신의 삶을 드러내기가 부담스러워 고독한 삶이 오히려 익숙해지고, 쓸쓸함과 외로움을 당연하게 받아들인다. 누군가에게 속마음을 낱낱이 털어내는 일이 얼마나 허탈한 일인지도 안다. 삶의 굴곡이 타인의 공감으로 위안받지 못한다는 사실도 알고 있다. 그저 혼자 삭이며 견뎌내야 할 시간이 필요할 뿐이다.

혼자 즐기는 호젓한 생활이 편하게 느껴지는 일상이다. 그렇다고 타인을 배제하지는 않는다. 가끔씩 식사하며 차도 마신다. 서로의 다름을 인정하며, 타인의 영역과 자신의 영역 사이에 가끔은 무너지는 나지막한 벽을 둔다. 거리감은 적절한 신선함과 긴장감을 유지하며 감정 소모를 줄여준다.

　창문 너머 애처로운 누군가의 모습을 바라보다 보면, 어느새 한 발짝 다가선 자신을 발견하게 된다. 호퍼의 그림 속, 철로 위를 비추는 석양은 거만함을 떨쳐내게 하고, 퇴연(退然)한 인생을 담담히 받아들이게 한다. 마천루에 가려진 낮은 지붕을 바라보며, 삭막한 고립감조차 견딜 수 있게 된다. 눈부신 빛보다, 짙어진 그림자의 무게로 버텨가는 삶의 원동력을 작품을 통해 배우게 된다. 종일 그림을 바라보다 미술관을 나서니, 마치 진실한 대화를 나눈 듯, 담뿍한 위로가 스며든다.

예술의 공간을 거닐다

일상이 무료해질 때면 미술관으로 향한다. 시각을 사로잡는 색채에 닫혔던 마음이 움직이고, 물음을 던지는 예술가의 작품 앞에서 서성이던 생각이 물꼬를 튼다. 미술관은 출구를 찾는 이들에게 초대장을 내밀며 시공간을 넘나들게 한다.

메트로폴리탄 미술관 모퉁이에 파수꾼들이 있다. 관람객들과 작품을 살피며, 가장 아름다운 곳에서 단순한 일을 하는 사람들이다. 그들이 이 일을 자처하게 된 사연은 저마다 다르다. 푸른 근무복 아래 비밀스러운 자아들이 분주하게 미술관을 오간다. 정적과 단순함 속에서 위로를 받으며, 앞으로 나아가는 세상에서 잠시 비켜서 생의 축소판을 고요히 들여다보는 그들이 문득 궁금해진다.

《나는 메트로폴리탄 미술관의 경비원입니다》의 저자, 패트릭 브링리의 회고는 잔잔하게 마음에 와닿았다. 그는 두 살 터울의 형이 27세에 암으로 세상을 떠나자, 일상의 삶을 전환하게 되었다. 형은 생물수학 박사 학위를 앞둔 전도유망한 영재였다. 작가 또한 출세가 보장된 뉴요커 매거진에서 근무하고 있었지만, 형의 죽음으로 인한 트라우마와 업무에 대한 회의감으로 결국 직장을 그만두었다. 이후 그는 메트로폴리탄 미술관의 경비원이 되어 새로운 삶을 향해 나아갔다.

한동안 그저 가만히 있고 싶은 순간이 찾아온다. 세상의 흐름에서 벗어나 중력을 거스르듯 나아가기를 거부하며, 매달려 일던 일들에서 조용히 손을 떼고 싶어진다. 브링리는 그런 시기를 견디기 위한 도피처로 미술관의 경비원을 택했다. 그는 망을 보고, 두 손을 비우고, 두 눈을 크게 뜨며 내면의 삶을 위로했다. 세상을 살아갈 힘을 잃었을 때, 그는 가장 아름다운 곳에 숨어들었다.

도스토예프스키의 《지하로부터의 수기》에서 화자는 20년 동안 지하에 숨어 살았다. 누구도 만나지 않고, 아무 일도 하지 않았다. 그는 원래 하급 관리로 일했지만, 자신을 무시한 친구들과 매춘부 리자와의 연루된 일로 인해 스스로 지하에 갇혀 지냈다. 아픈 인간임을 자처하면서도 자신을 현명한 인간이라 두둔했다. 아름답고 숭고한 것을 의식할수록 진흙탕 속에 빠져 꼼짝할 수 없었다는 도스토예프스키의 사유는, 페트릭 브링리의 은신과 어딘가 닮아 있다.

소설 속 두 상황은 극과 극으로 대비되지만, 아름답고 숭고한 것에 목말라하는 열망은 유사하다. 변화를 원하지 않는 그들의 삶은 관성에 따라 반복되는 일상처럼 필연적으로 수용되어 묘사된다. 두 주인공은 더 이상 출구가 없다고 느낄 때, 돌연 엉뚱한 방향으로 빠지며 이성적으로는 납득하기 어려운 선택을 한다.

은닉의 장소에서 두 화자는 각기 다른 방식으로 쾌감을 발견한다. '지하 인간'은 논리와 맥락을 거스르는 무중력의 시공간인 지하에서, 자기 존재의 유일성을 찾으려 애쓰며 부조리에 대한 반항을 찬미했다. 패트릭 브링리는 출세가 보장된 선망의 직장을 접고 미술관에서 경비원으로 일하면서, 예술 작품을 통해 슬픔을 극복하고 세상으로 나아갈 용기를 얻는다. 그들은 선택한 공간에서 사치스러울 만큼 초연한 태도로 시간을 그저 흘려보내며, 마음의 빈틈이 채워지는 시간을 견뎌낸다.

나에게도 텅 빈 마음이 채워지던 시간과 공간이 있었다. 정체된 자아는 무기력했고, 새로운 환경과 도전을 필요로 하던 시기에 나는 아세안문화원에서 도슨트로 일한 적이 있다. 중년의 경력 단절 여성이라는 결함이 있었지만, 영어를 구사할 수 있다는 강점을 살려 지원서를 제출했다. 도슨트이지만, 전시장 지킴이처럼 자리를 지켜야 되는 조건이 있었다. 코로나 시기였기에 사람들과의 접촉이 제한되었고, 관람객들도 적었으며, 도슨트 업무 또한 축소되어 그저 전시장을 지키는 일이 주된 역할이었다.

단순하지만 자유로운 일정이었다. 브링리가 경비원의 삶을 10년이나 지속한 데는 그만한 이유가 있었다. 단순하면서도 직관적으로 무언가를 배울 수 있었고, 무엇을 팔거나 거짓말할 필요가 없는 평화롭고 정직한 일이었기에 감사한 마음을 유지할 수 있었다.

한곳에서 빙빙 돌며 모든 것을 살피는 경비원의 일처럼, 나도 출근 후 전시장을 돌면서 점검했다. 관객이 없을 때에는 책을 읽어도 무방했고, 나는 마치 전시실의 소품처럼 자리에 앉아 있었다. 폐관 시간에 맞춰 전시실의 영상과 조명을 끄는 일도 단조롭긴 했지만, 나름대로 주인의식을 느낄 수 있는 일상이었다.

눈은 연필이 되고 마음은 공책이 되었다. 브링리는 멈춰 서서 무언가를 흠모할 명분이 필요할 때, 예술 작품을 응시하고 관람객을 관찰했다. 장면에 깃든 눈부심과 반짝임을 바라보며 기쁨을 만끽했다. 코로나 여파로 정적과 단순함만이 가득한 전시장이었다. 나는 시간을 채울 수도, 쪼갤 수도 없었지만, 읽기 어려웠던 책을 천천히 음미하듯 사라졌던 인식의 욕망을 전시실에서 되살리고 있었다. 아시아 각국의 전시물과 영상을 통해, 나는 각 나라의 장소로 이동했다. 도슨트로서 풍성한 이야기를 구성하기 위해 전시물 속으로 빠져드는 시간은, 그들의 과거와 현재를 넘나들며 아시아 곳곳을 여행하는 여정이었다. 나무 바닥에서 울리는 나의 발걸음만이 유일한 소리로 깨어나며, 전시장의 사물들과 소통하고 있었다. 파수꾼의 시간은 브링니처럼 의외로 오롯했다. 이주민과 아시아인들의 삶의 목소리만이 가득한 전시실이었다.

나무의 뿌리는 나무의 가지만큼 뻗어 나간다. 재능 있는 경비원이라면 미술관 전체를 입체적으로 머릿속에 그리듯이, 브링리는 경비원이었지만 메트로폴리탄 미술관의 전시 작품에 몰입하며 예술의 경지를 넘나들었다. 나 역시 누구의 지시도 없이 전시실 일을 내 영역으로 끌어들였다. 낯선 공간에 나의 욕망을 투영했다. 텅 빈 전시실에서 아시아 10개국의 전시 자료를 세심하게 정리하며 영어 통역의 기회도 가졌고, 큐레이터가 정리하던 자료들도 적극 도왔다.

인생의 장은 늘 새롭게 시작되며, 방향은 스스로 정해 나간다. 삶은 여러 개의 장으로 이루어져 있고, 현재의 장은 언제든 끝낼 수 있다. 브링리는 자신의 아이들에게 더 넓은 세상을 경험하게 해 주고자 미술관을 떠나, 여행 가이드로 세상을 탐험하기 시작했다. 나는 남의 이야기를 스토리텔링하는 데서 벗어나 나의 경험을 반추하며 글을 쓰는 수필가로 새로운 인생을 시작했다. 완벽하지도, 완성할 수도 없는 프로젝트의 선택은 선택의 여지가 없었다.

매트릭 브링리는 위대한 걸작을 통해서 삶과 죽음을 관조하며, 예술이 던지는 질문에 온 감각을 곤두세워 자신의 참모습을 찾아가기 시작했다. 시간이 멈춘 듯 덧없는 순간, 그는 아름답고 숭고한 작품에 서서히 스며들었다.

내게 있어 아름답고 숭고한 것은 고전에 깃들어 있다. 고전은 시대를 초월한 인간의 본질적 물음과 사유에 대한 깊은 통찰로, 누구에게나 깊은 공감을 불러일으킨다. 문학, 예술, 철학 등 다양한 분야의 고전은 시대착오 없이 보편성을 유지한다. 나는 침묵과 정적이 깃든 메트로폴리탄 미술관에는 갈 수 없지만, 고전이라는 걸작 속으로 숨어든다. 그저 하찮은 먼지 조각처럼, 아름다운 저장고를 자유롭게 떠다닌다.

도슨트와 큐레이터

 미술관은 새로운 세계로 가는 초대장을 건넨다. 가슴에 던져진 작은 돌멩이처럼, 잔잔한 감정의 일렁임이 필요할 때면 미술관을 찾는다. 고요한 정적 속에서 모호한 생각들이 작품을 통해 기지개를 켠다. 작품 속 작가의 감정과 사유는 내 안의 조각과 공명을 이루며 공감의 열매를 맺는다. 미술관은 잠들어 있던 생각을 깨워 일으키는 매개체다.
 미술과 철학은 긴밀하게 작용하며 서로 영향을 주고받는다. 작품마다 배어 있는 작가의 인식과 가치관은 숨어서 조용히 기다린다. 누군가는 그것을 알아차리고, 누군가는 스쳐 지나간다. 작품과 해설을 번갈아 보며 수수께끼 찾듯 연결고리를 꿰맞춘다. 깊은 지하수에서 맑은 물을 끌어올리듯, 도달할 수 없을 것 같던 심연에서 번뜩이는 사유가 피어난다.
 부산현대미술관에 새로운 기획전이 열릴 때마다 전시관을 찾는다. 갈대와 수초가 무성하고 철새가 도래하는 을숙도 풍경에 어울리듯, 수직 정원이 미술관 외벽을 에워싼다. 메마른 콘크리트를 덮은 초록 덩굴은 자연 친화적인 이미지를 발산하며, 독특한 품격으로 다가온다. 이곳은 자연, 인간, 예술이 함께 공존하는 공간이다.

"시간 되면 부산현대미술관에 같이 갈래?"

평소에 친동생이라도 별다른 부탁을 하지 않던 언니에게서 전화가 걸려 왔다. 언니의 둘째 딸이 대학 졸업 후 인턴으로 근무하는 부산현대미술관에서 전시 개막식이 열린다고 했다. 원래 미술관 탐방을 좋아하는 터라 흔쾌히 언니를 차에 태우고 미술관에 도착했다.

전시 개막식에 참석하는 것은 처음이었다. 관련자와 가족만이 참여할 수 있었다. 3층 로비에는 핑거 푸드가 오밀조밀 차려져 입맛을 돋우고 있었고, 1층 로비에는 외국 작가들과 큐레이터, 미술관 임원, 인턴들이 빙 둘러서 행사를 준비하고 있었다.

큐레이터를 따라 전시관을 둘러보았다. 영어와 한국어를 번갈아 사용하는 큐레이터는 당당하고 멋지게 작품을 해설했다. 대부분 외국에서 석사 학위 이상은 마쳐야 국내에서 큐레이터로 일할 수 있다고 했다.

인턴으로 일했던 조카는 허다하게 밤을 새우며 자료를 조사하고 기획전을 준비했지만, 실무자가 아니어서 다소 소심하게 구석에 서 있었다. 외국에 나가 공부하고 싶은 딸의 마음을 아는 언니는 간간이 딸에게 눈길을 보내며 행사의 진행을 조용히 지켜보았다. 나는 큐레이터의 해설을 따라 전시관을 둘러본 뒤, 차려진 핑거 푸드에 손도 대지 못한 채 발걸음을 재촉하는 언니를 따라 곧장 집으로 향했다.

 그 후 조카는 인턴 과정을 마친 뒤 유학을 준비해 영국의 대학원으로부터 입학허가서를 받았다. 만만치 않은 교육비와 생활비로 갈등의 시간도 있었지만, 무난히 석사 과정을 마쳤다. 인고의 시간을 묵묵히 견뎌낸 조카는 현재 영국의 한 박물관에서 큐레이터로 당당히 일하고 있다.

 조카는 내가 서울에 살 때 가끔 놀러 오곤 했다. 부산에서 대학을 다녔던 조카는 서울에 올라와 여러 전시관을 둘러보고 내려가곤 했다. 국립현대미술관은 경복궁 옆에 있는데, 2013년도에 개관해 현대미술의 독창성과 도전을 담은 전시를 선보여 왔다. 서울에는 미술관이 많지만, 기획 전시가 탁월한 국립현대미술관은 나에게도 늘 관심의 중심이었기에 조카와 이야기할 주제가 많았다. 조카는 집에 있는 책을 둘러보다가 빌려 가기도 했고, 예술과 음악에 대해 이야기하며 이모인 나와 장단을 맞추었다. 세대를 뛰어넘게 해준 것은 문화를 공감하는 정서였다.
 나와 조카는 닮은 점이 많다. 둘째 딸로 태어나 개성이 강하고 고집이 세다는 말을 듣고 자랐으며, 정형화된 틀을 싫어한다. 손에 닿는 대로 책을 읽고, 새로운 주류에 목말라하며, 자신만의 이야기로 관념을 형상화하는 것을 좋아한다. 이래라저래라 간섭받는 것을 싫어하고, 스스로 하고 싶은 것을 찾아 움직이며 생소한 감각에 심취한다. 테두리 밖을 지향하는 둘째 기질이다.

미술을 좋아하고 책을 사랑하며 음악에 심취하던 이모와 조카는, 세월이 흘러 각자 자신의 적성에 맞는 삶을 살아가고 있다. 영어를 가르쳤던 나는 영어 문화 해설사, 전시 기획 과정 이수, 도슨트를 거쳐 지금은 수필을 쓰고 있다. 조카는 소망하던 대로 영국에서 큐레이터로 일하며 자신의 영역을 확보하고, 자유로운 삶을 누리고 있다.

 큐레이터나 도슨트는 예술과 사람을 연결하는 역할을 한다. 예술의 아름다운 가치를 사람들에게 전달한다. 예술 작품을 통해 관람객들에게 새로운 시각과 통찰을 제공하며 예술이 우리의 삶에서 얼마나 중요한지를 깨닫게 한다. 그들은 무엇보다 예술적 안목을 필요로 한다.

 도슨트(docent)는 미술관이나 박물관에서 관람객에게 전시에 관해 설명하는 교육자로 라틴어 'docere'에서 유래했다. '가르치다'라는 뜻이 있는 도슨트는 전시물을 깊이 이해하고 감상할 수 있도록 돕는다.

 큐레이터(curator)는 작품 수집, 연구, 보존 등의 일을 하며, 전시의 전체적인 콘셉트와 구성을 기획하고 작품을 선택한다. 라틴어 'curare'라는 말에서 나왔으며, '관리하다, 보살피다'란 뜻으로 전시관, 미술관, 박물관에서 관리 감독하며 돌보는 역할을 한다.

 스타 도슨트가 전시 흥행을 좌우하는 시대다. 예전엔 도슨트가 자원봉사자로 여겨졌지만, 요즘은 전문적인 해설을 제공하는 도슨트가 점점 늘고 있다. 철저한 자료 분석과 해박한 지식, 여기에 명료한 의사 전달력까지 갖춘 도슨트의 해설에 따라 관객들이 전시장을 이동한다. 규모 있는 기획 전시에는 유명 도슨트의 해설이 함께한다. 남들이 가지 않은 미지의 분야를 보수에 상관없이 과감히 개척한 도슨트들의 노력 덕분에 가능해진 영역이다.

세상 어디에나 이야기는 넘쳐난다. 작은 이야기들의 보이지 않는 가닥들이 서로 교차하며 이어져, 빼곡히 숨어있는 기억과 모순적이고 복합적인 인간의 단면으로 서사를 이룬다. 개인의 이야기가 사회에서 어떻게 공명하는지 다각도로 전달하는 것은 도슨트와 큐레이터의 몫이다. 그들은 인간을 비롯해 동식물에 이르기까지 다양한 개별의 목소리에 귀 기울이며 그 진면목을 들여다본다.

도슨트가 누군가의 작품과 삶을 해설하는 듯, 수필가는 자신의 이야기를 형상화하며 완성한다. 철학, 미술, 음악, 문학 등 다양한 영역을 융합해 자기 경험과 연결하며 이야기를 만들어 간다. 세상 속에서 나의 이야기가 자리를 찾아갈 수 있도록 얽혀있는 일상의 관계들을 면밀히 주시한다. 자신의 삶을 잘 살아내는 과정이 좋은 글의 밑천임을 이제는 안다.

신비한 미술관 여행은 생각의 전원 스위치를 켜는 원동력이 된다. 알지 못하는 영역에 풍덩 빠진 듯 생경하지만, 타인의 감각이 진부한 생각을 비집고 들어와 사고의 회로를 전환시킨다. 정답은 알 수 없지만, 질문은 꼬리를 물고 어디로든 달려간다. 이야기는 변주를 거듭하며, 불확실한 시대에 숨결처럼 느끼고 공존하는 감각을 다시 묻는다.

단색의 울림

갤러리로 올라가는 길목마저 예술의 운치가 감돈다. 돌계단 옆 담벼락을 타고 오르는 아이비 덩굴이 바람에 살랑이고, 부드러운 햇살은 돌담을 따라 흐르듯 빛난다. 은빛 금속 대문은 마치 밤하늘에 걸린 달을 품은 듯 몽환적이다. 문 한가운데 자리 잡은 둥근 창문 너머 예술의 공간이 펼쳐진다.

입구에 들어서자 대형 스크린이 공간을 압도하며, 빛과 색으로 가득 찬다. 강렬한 연보라색이 아주 작은 점에서 시작되어 반복되는 리듬을 타고 화면 전체로 퍼져나간다. 디지털 화면 속 점, 선, 원들이 강렬한 존재감으로 시선을 사로잡는다. 나는 한참을 서서 흐름을 지켜보며 변화하는 감정에 온몸을 내맡긴다.

해운대에 위치한 조현화랑에서 박서보 화백(1931~2023)의 개인전이 열리고 있었다. 한 달 전 별세하신 화백을 추모하는 의미로 화랑을 방문했다. 박서보 화백은 한국 단색화의 거장으로, 특히 묘법 시리즈로 유명하다. 그의 작품은 반복적인 선과 질감을 통해 명상적이고 수행적인 태도를 담아낸다.

단순한 구도에서 자연의 울림이 전해지는 풍요로운 아침이었다. 2층으로 올라가자, 커다란 창이 바깥 풍경을 담은 액자처럼 중심을 잡고 있었다. 잠시 창가 옆 의자에 앉아, 창문 너머 소나무와 바다를 그림처럼 감상했다. 햇빛을 받아 은빛으로 반짝이는 바다의 잔물결도 한 폭의 작품처럼 다가왔다. 일요일 오전, 한적한 화랑은 마치 거실처럼 아늑했다. 어떤 그림보다 창 너머 자연 풍경이 소소한 위안을 주었다.

양쪽 벽면에는 회색과 하늘색 중간톤의 연필 묘법 작품들이 전시되어 있었다. 유화 물감이 밀리고 한지가 찢기면서 생성된 파스텔 색조의 묘법은 반복적인 선과 질감을 통해 수행자의 구도처럼 다가왔다. 정교한 묘사가 없는 단순한 색채의 작품은 호젓한 자연 속에 들어온 생명의 기운을 전했다.

자연을 품은 유리창 맞은편 전시실에 단색화 여섯 점이 전시되어 있었다. 핑크, 민트, 노랑, 자주, 초록, 빨강의 묘법 작품들이 햇빛에 반사되어 화사하고 청량했다. 고운 색감의 단색화는 벚꽃을 구경하고 산유화를 즐기며 민트색 장미를 보는 것처럼 자연의 색감을 다양하게 반영했다.

모노파는 1960년대 말에 등장한 미술 경향이다. 형식과 질서를 거부하고, 내용, 주체, 형태를 배격하며, 자신만의 표현법을 찾아 완성한 결과물을 추구했다. 물(物)이 인간 중심적 사고의 대상이 아닌 그 자체의 존재로서 드러나는 작품을 지향했다. 이우환, 김환기, 박서보 화백의 작품에는 공백이 주는 성찰과 경건함이 담겨 있다. 나무, 돌, 철판, 종이가 그 자체로 존재하며, 가공을 통한 의미 부여를 하지 않는다.

박서보 화백의 예술은 행위의 반복이다. 그는 어린 아들이 공책 칸 안에 글씨를 넣으려다 실패하자, 연필로 그어 문지르는 동작을 보며 체념을 떠올렸고, 이를 계기로 연필 묘법을 시작했다. 무목적의 무한 반복을 통해 자신을 비우는 작업이었다. 자연 그대로의 색감을 찾기 위해 물감을 칠하고 연필로 지우는 과정을 반복하며 수행자처럼 자신을 정화했다. 시대를 꿰뚫는 통찰력으로 사람을 치유하는 예술은 그렇게 시작되었다. 박서보 화백의 묘법은 체념에서 시작된 예술이었다.

정교한 그림을 감상하는 과정은 복잡하다. 세부를 꼼꼼히 관찰하며 그림의 의미를 파악하기 위해 온 신경을 곤두세운다. 시대적 배경과 작가의 의도를 고려해야 비로소 그림의 진수를 파악한다. 대상을 포착했던 그 찰나에 머물러야 작품의 진정한 의미가 다가온다.

단순한 그림을 감상할 때는 본능에 의존하게 된다. 세부 묘사가 생략된 단순한 그림은 자칫 투박해 보일 수 있지만, 여백의 울림을 통해 감정의 한끝을 건드린다. 엄정하게 반복된 행위가 시간의 흐름 속에서 스며들어 사라질 때, 비움의 미학이 모습을 드러낸다. 운명에 순응하듯, 감정의 비애조차 없이 스러지는 순간, 참선하듯 잡념이 걷히고 마음은 평온해진다.

캔버스 위의 작은 점들은 비슷해 보이지만, 각기 다르게 존재한다. 리듬과 속도를 지닌 채 제각기 움직이며, 직선에서 사선으로,

때로는 곡선으로 변주된다. 하나의 점, 하나의 획은 그 자체로 삶이며 존재의 흔적이다. 점에서 시작된 흐름은 선으로 이어지고, 새로운 생명선처럼 이어지는 연장선에는 삶의 무게가 스며 있다.

 문학에서도 모노파적 접근이 다양하게 시도된다. 기존의 서사 구조를 해체하고, 극적인 전개 없이 순간과 감각, 존재 그 자체를 부각한다. 단순하고 절제된 묘사로 사물과 존재의 본질을 있는 그대로 드러낸다.
 현란한 문장은 때론 읽기 부담스러울 때가 있다. 사물을 지나치게 대상화하거나 미사여구로 의인화한 글은, 겉으로는 화려하지만, 정작 말하고자 하는 핵심은 진부한 경우가 더러 있다. 의인화된 사물들이 휘황찬란한 단어들을 감고 가면무도회에 선 듯한 느낌을 준다. 단도직입적이고 정확한 문장만이 현실 삶의 실체를 왜곡하지 않고 있는 그대로 보여준다. 문장이 과도하게 은유화될수록 삶의 본질은 흐려진다. 삶은 제멋대로이며, 사물에 감정을 입혀 표현하기엔 지나치게 복잡하고 다층적이다. 오히려 비움으로써 채워지는 동양의 철학이 깊이 가슴에 와닿는다.
 일요일 아침, 단색화와 연필 묘법을 보며 비움과 채움에 대해 생각해 본다. 감정을 강하게 전달하는 화려한 비유나 상징보다는, 사물의 존재를 있는 그대로 바라보는 담백한 문장에 더 깊은 갈증을 느끼고 있는지도 모른다. 무엇이 더 우월하다고 말할 수는 없지만, 새로운 의미를 창출하는 진의에 한 걸음 더 다가서고 싶다.

복잡한 생각을 비워내는 과정을 반복하다 보면, 하나의 생각만 이 또렷이 차올라 충만함에 이른다. 언어의 최소화로 깊은 사색 을 유도하는 방법을, 나는 박서보 화백의 그림을 통해 배운다. 복 잡하지 않기에 선명하고 고요하다.

골목길의 정경

 좁고 구불구불한 골목길은 아롱거리는 기억을 떠올리게 한다. 대청동 산자락에 있는 초등학교는 비탈길을 걸어서 한참을 올라가야 했다. 학교 정문으로 가는 길은 하나지만, 뒷문에서 갈라지는 샛길은 여러 갈래였다. 이따금 친구들과 모험을 떠나듯 뒷문으로 빠져나와 곁길로 접어들면 처음 보는 골목 풍경은 또 다른 세계로의 초대장이었다. 낯선 길은 짜릿하고 설레었다.
 골목길은 과거의 시간 속으로 데려간다. 오래된 집들이 늘어선 골목길은 마치 시간이 멈춘 듯하다. 정감 어린 사연이 곳곳에 스며 있어, 구멍가게에서 눈깔사탕과 달고나를 팔 것 같은 분위기이다. 공방과 갤러리에서는 오밀조밀한 솜씨가 돋보이는 개성 있는 작품들이 마음을 사로잡는다. 골목길의 정취는 잊혀진 따뜻한 감정을 되살려준다.
 감천 마을의 토착어가 예술의 신비한 단장으로 생동의 꽃을 피우는 여기는 부산을 대표하는 여행지이다. 시간의 역사를 고스란히 간직하며 사회의 통념을 넘어 그들만의 꽃으로 만개하여 전국 각지를 넘어 전 세계 사람들을 불러 모은다. 호기심 어린 관광객의 발걸음과 골목길의 순박한 삶이 정겹게 어우러진다.

알록달록한 집들이 계단식으로 늘어선 감천문화마을은 동화 속 그림처럼 정겹다. 오래되고 낡아서 초라한 판잣집이 아니라, 예술의 감성으로 재탄생한 색색의 슬라브 지붕들이 저마다의 개성으로 조화를 이룬다. 담벼락의 벽화는 비좁은 골목길의 곤궁함을 벗어나 하나밖에 없는 마을로 채색되어 생동감을 더한다. 골목길은 과거와 현재 그리고 나 자신을 돌아볼 수 있는 소중한 공간이 된다.

다양한 문양의 화살표 물고기들이 좁은 골목길을 누빈다. 목판 물고기들은 주민들의 앞마당을 자유자재로 유영하며 사람들을 이끈다. 소담한 골목길에서 마주한 벽화의 정경이 어릴 적 추억을 되살리고, 고샅길의 소소한 일상에 입가에 미소를 짓게 한다. 골목길이 말을 걸어올 때면 걸음을 멈추고 그 속삭임에 마음을 연다.

골목마다 숨은 사연들이 숨바꼭질한다. 부엌 창문 너머로 구수한 찌개 냄새가 풍겨 나오고, 꼬리를 흔드는 강아지가 문 앞에서 서성이며 주인을 기다린다. 플라스틱 의자에 앉은 할머니들은 주변은 아랑곳하지 않은 채 도란도란 대화를 나누며 그들의 삶을 이어간다. 호기심에 사적인 영역을 넘나드는 불청객이 된 기분에, 술래를 피하듯 외진 골목으로 슬며시 빠져나온다.

토요일 오후, 감천문화마을은 관광객들로 붐볐다. 더운 날씨도 아랑곳하지 않고 한복을 빌려 입은 채 돌아다니는 사람들도 꽤 있었다. 부산에 살면서 이렇게 많은 외국인들을 한 번에 만난 적은 없을 정도로 외국인 관광객들이 눈에 많이 띄었다. 가족 단위의 관광객들, 친구들과 자유로운 관광을 즐기는 사람들이 저마다의 여행을 즐기고 있었다.

여행을 즐기는 모습은 십인십색이었다. 감천 마을을 한눈에 내려다볼 수 있는 어린 왕자 포토 존에 줄 선 이들은 오랜 기다림에도 불구하고 기대에 부푼 표정이었다. 오래된 집을 개조해 만든 옥상 카페에서 느긋하게 커피를 마시며 풍경에 젖어있는 이들도 있었다. 커피 한 잔에 품은 감정은 깊고 그윽해 보였다. 노릇노릇하게 구워진 마시멜로 아이스크림을 맛보는 이들은 이색적인 미각 체험에 들떠서 환한 미소를 짓고 있었다. 다른 지역에서 온 관광객들은 처음 마주한 풍경에 신나서 카메라 셔터를 연이어 눌러댔다.

골목길은 인정이 묻어나는 풍경으로 마음을 잔잔히 적셨다. 캐리커처를 그리는 여성 화가는 마을의 할머니를 초대해 멋진 그림을 선사했다. 집에서 있는 그대로 나와 꾸밈없이 소박한 표정을 짓는 할머니의 캐리커처는 진솔하고 유쾌해 보였다. 그림을 손에 쥔 할머니는 어린아이처럼 새물새물 웃으며 집으로 발걸음을 재촉했다. 집 한편에 놓아두고 방문하는 사람들에게 자랑할 것을 벌써 기대하는 표정이었다. 예술은 거주민과 소통하는 매개체로 작용하며 삶과 공존하고 있다.

샛길을 따라 올라가니 마을을 한눈에 내려다볼 수 있는 전망대가 있었다. 때마침 휠체어를 탄 외국인 소년이 마을 풍경에 젖어

가만히 내려다보고 있었다. 평탄한 길도 아니고 골목마다 휠체어가 갈 수 없는 곳도 있었기에, 여기까지 어떻게 왔는지 의아해했지만 곧 수수께끼는 풀렸다. 윗길은 유일하게 차가 다니는 곳이라 소년의 부모님은 정차 후 여기까지 소년을 데리고 올 수 있었을 거라 추측했다. 휠체어로 골목 사이를 여행하는 법도 생각하기 나름이었다.

  소년의 가족은 곳곳에서 만날 수 있었다. 그들은 용케도 산복도로 찻길을 찾아 소년을 데리고 다녔다. 막다른 길에서는 일단 정차하고 소년이 갈 수 있을 만큼 이동해 구경한 뒤 다시 차로 이동하며 샅샅이 누볐다. 한참 후, 종교 단체인 태극도 본당 앞에서 또 소년의 가족을 만났다. 소년은 목발을 짚고 서서 부모님이 차에서 내리는 휠체어를 기다리고 있었다. 귀찮아하지 않고 갖은 가능성을 타진하는 부모의 모습이 듬직해 보였다. 마음의 장벽을 허무는 행동은 부모라서 가능한 듯했다. 휠체어를 탄 아들을 어디든 한계 짓지 않고 대동하는 부모님의 정성이 엿보여서 자꾸 돌아보게 되었다. 소년은 외국의 낯선 체험을 통해서 행복 한 꾸러미를 지니고 돌아갈 것이라는 생각에 흐뭇한 마음이 드는 오후였다.

  자잘한 일상을 경험하면 곤두세워진 주파수로 다양한 생각이 오간다. 바다와 맞닿은 언덕 위에 자리 잡은 집들의 다양한 사연이 상상 속에서 펼쳐지고, 골목을 오가는 사람들의 들뜬 모습에서 저마다의 감정을 엿본다. 오래된 목욕탕을 개조한 문화센터에서 그 시절의 추억이 떠오른다. 여행의 감동과 여운은 현실의 내밀한 문제를 비껴가며 여백을 마련한다.

절박한 환경이 낙천적인 분위기로 탈바꿈한 감천마을의 변화는 대단한 혁신이 아니라 소소한 움직임과 예술의 다양한 쓸모에서 비롯되었다. 정해진 선입관에서 벗어나면 새로운 길이 열리는 것처럼 각기 다른 개성들이 조화롭게 어우러져 예술이 공존하는 마을이 되었다. 삶과 역사가 소박한 일상에 잘 녹아들어 그들만의 공동체를 이루었다. 고단한 삶 그 자체가 어느새 예술이 되었다.

독락(獨樂)의 탑에 올라서니 고요한 정적이 주변을 감싼다. 목탑처럼 솟은 삼각형 지붕 아래, 창문 틈 사이로 얼핏 설핏 스쳐가는 풍경이 은은하다. 가로등이 하나둘 켜지며 마을은 아늑함에 잠기고, 그 온화함이 내 마음에 스민다. 골목마다 숨어 있는 사연들이 알록달록한 지붕의 색채 속에 조용히 묻혀가는 저녁이다.

내 마음의 등대

　칠흑 같은 바다를 항해하는 조타수는 등대의 빛을 향해 나아간다. 땅거미가 내려앉으며 돌아온 불빛이 점멸을 시작한다. 등대의 불빛은 망망대해를 비추며 수평선 너머로 이어진다. 석양이 하늘을 휘감고, 저녁노을은 태초의 신비를 머금은 아련한 전설처럼 하늘을 아스라하게 수놓는다.

　어둠이 깔리자 야음의 베일이 바다 위에 펼쳐지고, 바다와 하늘, 흰 구름과 포말이 창초의 질료처럼 뒤섞인다. 조타수는 키를 잡고 방향을 조정하며 빛을 향해 나아가지만, 배는 살짝 방향만 틀 뿐 좀처럼 전진하지 못한다. 어둠을 휘감은 안개는 시야를 송두리째 삼켜 어디선가 들리는 무적 소리에 귀를 곤두세운다. 조타수는 마법에 걸린 듯 다시 항해를 시작한다. 등대를 향해 가는 길은 여명을 찾는 여정이다.

　등대로 가는 길은 험난하다. 암초를 피해 바닷길을 따라가지만, 역류하는 물살에 뒷걸음친다. 조타수는 풍랑을 예측하며 키를 부여잡고 어렴풋한 빛을 따라간다. 막막한 어둠 속에서도 다시 밀려올 물살을 저버리지 않는다. 바람이 불어 돛이 부풀자, 그제야 파도를 가르며 나아간다. 불안과 공포와 산만한 번뇌는 잠시 사그라든다. 조타수는 일말의 여유를 안고 거센 물결을 다시 저어 간다.

섣부른 행로는 뱃전을 후려치는 물보라에 다시 주춤하고, 항해자는 제자리를 맴돌며 물결을 거스른다. 격랑과 칼바람에 방향을 틀어 외딴섬에 정착한 그는, 곡절의 잔해를 던져버리고 배를 정비하며 다음 여정을 준비한다.

다시 빛을 따라 항해를 떠난다. 등대섬 주변을 유영하다 간신히 다다른다. 고지에 우뚝 선 등대에 이르기 위해선 고개를 넘거나 가파른 오르막길을 올라야 한다. 도착은 했지만, 등대는 여전히 까마득하다. 등롱에 닿아 빛을 제어하지 못하면 아무런 효용도 없다. 등대는 여전히 아득한 간극을 두고 홀로 등대섬 위에 서 있다.

등대는 저 홀로 푸르게 서서 어둠을 꿰뚫고 직선의 빛으로 길을 내비친다. 시퍼렇게 날을 세운 태풍조차 거스를 수 없는 기세로, 등대는 유유히 서서 힘의 원천을 전달한다.

무한한 바다의 어둠은 절대적이다. 끝도 경계도 없는 어둠은 내면의 무한성을 품고 있으며, 그 안에서 조타수는 희망의 불씨를 움켜쥔다. 물속에서 승천을 준비하는 용처럼, 우레가 부글대는 심연 속에서 그는 새롭게 항해를 시작한다. 땅속에 갇혔던 물줄기가 지상으로 솟아오르듯, 등대를 향한 여정은 계속된다.

인생은 자신의 등대를 찾아가는 길이다. 누구나 배의 조타수가 되어 키를 잡고 항해를 시작한다. 계획이 무산되면 좌초했다고 말하며 절망하지만, 절망하긴 아직 이르다. 예기치 않은 떨림이 삶의 전환점이 되고, 낯선 길에서 마주한 우연의 선택이 새로운 삶을 이끌기도 한다. 변화와 변주는 낯선 새로움으로 삶의 활력을 선사한다.

사람들은 등대라는 유토피아를 찾아 떠난다. 삶의 의미를 질문하고 반추했던 버지니아 울프는 등대로 가는 여정을 통해 삶의 본질에 접근했다. 그녀의 소설 《등대로》에서는 10년의 세월과 상실을 거쳐 비로소 등대에 도달한다. 그 과정에서 인간의 경험은 추억으로 변하고, 삶은 통찰력을 얻게 된다. 삶은 해안에 부딪혀 내던져지는 파도처럼 소용돌이치는 사건들로 이루어진다고 그녀는 말했다. 인생의 본질을 꿰뚫어 보는 안광을 지니기까지, 생명은 소멸되고 인식은 변화를 겪는다.

계시의 순간은 등대처럼 깜박인다. 깜깜한 어둠 속에서 성냥불처럼 잠시 나타나는 그 순간은 삶을 영원으로 이어주는 실천의 불씨가 된다. 버지니아 울프는 등대를 "이 평화 속에, 이 휴식 속에, 이 영원 속에"라며 묘사했지만, 그것은 동시에 "인정사정없는 냉혹한 빛"이라고도 표현했다.

등대는 남들에게는 보이지 않는 자신만의 불빛이다. 자신의 등대가 있는 사람은 호락호락하게 타인의 길을 답습하지 않는다. 괴테는 《파우스트》에서 "인간은 지향이 있는 한 방황한다"라고 말했다. 진정한 삶의 방향은 갈등과 혼란 속에 스스로 설정한 이성을 따를 때 비로소 가능해진다. 등대는 각자의 삶 속에서 각기 다른 모습으로 존재하며, 그 선택은 온전히 자기 몫이다.

카프카의 《성》은 등대를 연상시킨다. 성은 도달하지 못하는 이상향이지만, 희미한 종소리로 미련을 버리지 못하게 한다. 끊임없이 밀려오는 갈망 속에 존재하지만, 도달할 수 없는 장소이기도 하다. 등대 역시 마찬가지다. 우리 마음의 이상향으로, 늘 바라보지만 닿을 수 없는 어딘가에 있다.

광활한 어둠 속 등대의 위신은 독보적이다. 강철 같은 바위에 홈을 파고, 철강을 박아 세운 등대는 바다와 어우러져 고고히 서 있고, 깎아 세운 듯한 낭떠러지에도 소나무는 푸르기만 하다. 항해자는 어둠 속에서도 등대의 빛에 위탁하여 앞으로 나아간다.

등대의 빛과 사이렌은 항로를 안내하는 신호다. 생명의 원천이자 창조의 상징인 빛과 무적의 소리는 안개 속에서 조타수를 유인한다. 인생을 항해하는 우리는 빛과 소리라는 근원적 감각을 좇으며 내면의 불안을 극복하고 심연의 부름을 따라간다.

항해자는 욕망과 불안을 투영하며 등대라는 이상을 지향한다. 주어진 현실에 안주하지 않고, 마치 소명을 받은 메시아처럼 자신만의 등대를 향해 달려간다. 그들은 등대를 향해 가는 여정 속에서 변화하고, 성장하며, 마침내 변신한다. 등대는 도달의 대상이자, 내면 깊은 이상향이다.

책장을 넘기며 마주한 깊이

✕

나는 근사한 문장을 통째로 쪼아 사탕처럼 빨아 먹고, 작은 잔에 든 리큐어처럼 홀짝대며 음미한다. 사상이 내 안에 알코올처럼 녹아들 때까지, 문장은 천천히 스며들어 나의 뇌와 심장을 적실 뿐 아니라 혈관 깊숙이 모세혈관까지 비집고 들어온다.

- 너무 시끄러운 고독(보후밀 흐라발)

마음을 조각하듯 글을 쓰다

담론의 시간은 흐르는 강물과 같다. 서로 다른 생각의 물줄기가 하나로 합쳐지며 섞이기도 하고, 다시 갈라지기도 한다. 그렇게 서로의 미진한 부분을 말로 주고받으며 제자리를 찾아간다. 얼굴을 마주하고 상대의 말에 귀 기울이고 호응하는 과정은 즉각적이다. 미심쩍거나 이해되지 않는 부분이 있으면 곧바로 묻고 답하며 오해의 여지를 남기지 않는다. 정제된 단어를 애써 고를 필요도, 화려한 수사로 유려한 문장을 구사할 필요도 없다. 담론은 자기 생각을 있는 그대로 표현하며 소통하는 것이다.

글로 표현하는 일에는 인고의 시간이 필요하다. 외부적 현상이나 대상에 감동되어 특별한 감정이 일면, 오랜 시간 고민하며 정제의 과정을 거친다. 숙고한 단어와 예술적 표현을 끄집어내기 위해 생각을 거듭하고, 한 문장, 한 단락이 적절한 어휘로 유기적으로 연결되도록 고찰과 퇴고를 반복한다. 교정과 수정, 다시 쓰기를 거치는 수고 끝에 글은 비로소 하나의 완성된 형상으로 태어난다.

《문심조룡(文心雕龍)》은 6세기경, 유협이 지은 중국 고대 문학 이론서이다. 문학을 구상하고 창작하는 일에는, 마치 용을 조각하듯 세심한 주의력과 기교가 필요하다는 의미를 담고 있다. 문학은 단순한 글자의 나열이 아니라, 그 안에 담긴 심연을 섬세하게 조각하는 행위인 것이다. 수필을 쓰며 어렴풋이 떠올렸던 글쓰기의 방식들이, 1,500년 전에 이미 체계적으로 정리되어 있었고, 유협은 그것을 통해 보편적인 문학 이론을 설파하며 문제점까지 짚어냈다. 공감을 자아내는 치밀한 절차들은 경이로울 정도다. 글쓰기의 과정은 시대를 넘어 이어지는 변함없는 의식이다.

자연은 시대를 불문하고 작가들에게 영감의 원천이 되어 왔다. 《문심조룡》에서도 과거의 작가들이 산수의 자연미에서 받은 감흥을 예술 창작의 동력으로 삼아 창작을 이어갔다고 말했다. 천지만물의 현상을 마음으로 관찰하고, 그 본질적인 이치를 체득하는 것이 무엇보다 우선이었다. 마음을 표현하고, 사물의 형상을 묘사하기 위해 작가들은 시각과 청각에 호소하는 문체로 감각을 자극하며 문장을 아름답게 다듬어갔다. 이러한 시청각적 미감은 상상적 사유를 자극하는 원천이 된다.

풍경이나 사물을 실감 나게 묘사하는 것은 작가의 중요한 역량이다. 시각과 청각이 절묘하게 결합된 문장은 마치 영화 필름처럼 장면을 생생하게 살아 움직이게 만든다. 생동감 있게 포착된 장면은, 정교하게 그려진 풍경 속에서 숨겨진 감성을 되살린다. 도장에 인주를 묻혀 찍듯 문장을 억지로 수식하지 않아도, 사물과 언어의 표현을 자연스럽게 밀착시키면 상황 속 감정은 절로 살아난다고 유협은 말했다. 창조와 사유가 직조되며 완성된 글은 마음의 표면을 두드린다.

독일 철학자 발터 벤야민(1892~1940)의 글쓰기 이론도 흥미롭다. 《일방통행로》라는 철학서에서 좋은 산문을 쓰는 과정을 세 단계로 설명했다. 구상하는 음악적 단계, 조립하는 건축적 단계, 그리고 짜맞추는 직물적 단계가 그것이다. 아무것도 없는 상태에서 글의 구색을 갖추기 위해서는 상상력과 리듬감에 따라 직관적으로 새로운 세계를 창조하듯 구상해야 한다고 했다. 이어 단락과 단락이 체계적으로 연결되도록 앞뒤를 유기적으로 꿰맞추는 조립 과정이 필요하며, 마지막으로는 직물을 짜듯 단어 하나하나의 배열에도 고심하면서, 적절하고 아름다운 표현으로 빈틈없이 완성해야 좋은 글이 된다고 설명했다.

필사의 과정은 좋은 글의 원천이 된다. 달필가처럼 생각하고 표현하는 연습을 거듭하지만, 그것이 온전히 내 것이 되기는 쉽지 않다. 그럼에도 수려한 문장을 필사하며 그들의 사고 체계를 내 몸에 각인하는 과정이 무엇보다 필요하다. 발터 벤야민은 '텍스트를 읽는 것'과 '베껴 쓰는 것' 사이에 발휘되는 힘이 전혀 다르다고 설명하며 필사하는 사람만이 그 길의 지배력을 이해할 수 있다고 했다. 나 역시 횡간 사이를 등산로 오르듯 집요하게 오가며, 달필가의 사고를 내 안에 새기기 위해 좋은 문장을 필사하며 하루를 시작한다.

동서양을 막론하고, 어느 시대에서든 글쓰기의 과정은 유사하다. 유협은 〈신사〉 편에서 삼을 베틀에 공들여 짜면 뚜렷한 무늬를 지닌 삼베가 만들어지듯, 문자를 예술적으로 다듬는 절차를 강조했다. 그는 글쓰기가 단순한 영감이나 우연의 산물이 아니라, 자연스러운 사고의 흐름 속에서 조탁의 과정을 거쳐야 비로소 완성된다고 보았다. 철학자 발터 벤야민과 학자 유협은 시대와 문화를 초월해 글쓰기에 관한 공통된 통찰을 제시하고 있다.

발상의 과정은 미로를 걷는 것과 같다. 무형의 생각은 단순한 소재를 통해 움트고, 낱낱의 이미지와 연결되며 하나의 길을 만들어 간다. 생각의 고리를 잇기 위해서는 경험과 독서, 지식의 배경을 총동원해야 겨우 틀이 잡힌다. 초반에는 군더더기 같은 문장으로 글이 산만해지고, 삭제를 반복한다. 감성을 건드리는 부드러운 문장이라기보다, 억지로 꿰맞춘 듯 건조하고 어색한 문장뿐이다. 흩어진 빛나는 조각들을 연결해 하나의 의미를 만들어내는 것이 작가의 숨결이다.

좋은 글은 술을 발효시키는 과정처럼 뜸을 들이는 시간이 필요하다. 혼자서 끙끙대며 글의 문제를 파악하지 못할 때가 많다. 여러 차례 퇴고를 거쳤음에도 오류를 발견하지 못하다가, 글이 내 손을 떠나 거리를 두면 비로소 삭제할 부분이 떠오르고 결말을 재고할 단서를 찾게 된다. 의식의 흐름이 시간에 따라 달라지듯, 초고를 쓴 뒤에는 반드시 시간의 경과가 필요하다. 시간이 흐른 후 다시 글을 들여다보면 유기적 관계 속 오류가 눈에 들어오고, 더 적절한 미적 단어나 표현이 떠오르며, 과감한 삭제를 통해 도입과 결말이 긴밀하게 연계된다.

수필의 쓰는 이론이 이제야 촘촘히 연결되기 시작한다. 유협은 글의 구조적 질서를 무엇보다 강조했다. 건물을 지을 때 기초와 구조에 주의를 기울이듯, 옷을 마름질한 뒤에야 바느질을 할 수 있듯, 문장 또한 그 이치를 총괄해야 한다고 했다. 그는 글의 시작과 끝을 통일시키고, 문장의 각 부분을 유기적으로 통합하여 전체를 일체화하는 데 중점을 두었다. 이는 세밀하고 정교한 수필 구상의 방식이다. 수필을 쓰며 겪는 혼란이, 고전 속 지혜를 통해 새끼줄을 꼬듯 하나하나 촘촘히 연결되어 간다.

텅 빈 흰 바탕에 글을 쓰는 것은, 삶을 정교하게 조각하는 일이다. 지나온 삶의 다양한 일상들이 숙고의 시간을 통과하며 글의 원천이 된다. 반추와 인고의 시간은 곧 문예 구상의 과정이다. 들여다보며 세밀하게 다듬는 순간, 보잘것없던 무명의 일상이 문학으로 탈바꿈하며, 모든 순간이 금가루를 뿌린 듯 빛을 발한다.

글을 쓰며 묵상의 시간을 인내한다. 법당에 앉아서 묵묵히 생각을 다듬듯, 오가는 영감을 깊이 음미하며 과거와 현재를 연결한다. 하나의 생각이 작품으로 완성될 때, 맺힌 마음이 풀어지고 청정이 깃들며 고요해진다. 하나의 대상에 집중하는 동안 되살아나는 영감은 예기치 않은 울림으로 마음을 조각하듯 스며든다.

한강 작가를 만나다

  TV 화면 속 자막에 노벨 문학상 속보가 떴다. 한강 작가가 2024년 노벨 문학상을 수상했다는 소식이었다. 대화방 여기저기에서 "세상에! 정말?" 하는 찬탄 섞인 축하 메시지가 연신 날아들었다. 정규 프로그램을 잠시 멈추고, 노벨 문학상 수상을 축하하는 특별 뉴스가 화면을 채웠다. 마치 내가 받은 것처럼 설레는 마음에, 밤새 주변 소식에 접속하며 잠을 설쳤다.

  한강 작가는 역사적 상처에 대한 윤리적 응시로 작품성을 인정받았다. 그녀는 억압, 폭력, 인간의 존엄 등 말할 수 없는 것을 말하게 만드는 특유의 필체를 통해 독자에게 윤리적 질문을 던진다.

  작년에 도서관에서 한강 작가를 만난 적이 있다. 제주 4.3 사건을 소재로 한 소설, 《작별하지 않는다》로 동네 구립 도서관에서 작가와의 만남이 열렸다. 그녀의 인상은 더없이 소박했다. 화장기 없는 얼굴에 검은 스웨터와 바지, 회색 머플러를 두르고 무대 옆자리에 다소곳이 앉아 있었다. 수많은 책들이 문학상을 휩쓸고 베스트셀러에 오른 작가였지만, 그녀는 작가임을 내세우거나 우월감을 드러내는 법이 없었다.

  '세상의 고통과 아픔을 끌어안아 작품을 쓰는 작가는 이런 모습이구나'라고 생각하며, 그녀의 겸허하고 진솔한 태도가 오히려 작품성을 대변하는 듯한 인상을 주었다. 행사 후 한강 작가의 친필 사인을 받았는데, 그때의 선한 눈빛이 아직도 생생하게 기억에 남아 있다. 자신을 드러내려 애쓰지 않아도 그녀의 행동에는 작품의 진의가 고스란히 묻어났다.

《작별하지 않는다》는 전작들과는 달리 또 다른 지평을 펼쳤다. 5.18 광주 사건을 다룬 《소년이 온다》와는 상반된 접근 방식이었다. 얼마나 많은 자료를 찾아보고, 얼마나 깊이 사유하고 고뇌했기에, 이토록 낯설고 절절하며 독창적인 발상이 가능했을까. 한강 작가의 집필 배경이 궁금해 나는 차분한 그녀의 음성을 경청했다.

고통을 품은 집필의 여운은, 완성 이후에도 그녀 주변을 어두운 그림자로 드리웠다. 《소년이 온다》를 쓴 뒤 한동안 트라우마에서 벗어나지 못해 제대로 잠을 잘 수 없었다고 했다. 몇 년간 자료에 파묻혀 연구하고 집필한 끝에 책은 세상에 나왔지만, 그녀의 영혼은 여전히 광주의 참상 속에 머물러 있었다.

오래전 꿈속에 떠올랐던 한 장면을 바탕으로 몇 페이지를 써 내려가던 중, 생각을 거듭한 끝에 그녀는 방향을 틀어 제주 4.3 사건으로 주제를 전환했다고 했다. 그녀는 고통의 근원이 사랑이라고 믿었고, 다음 작품의 주제를 사랑으로 삼은 뒤에야 비로소 광주 사태의 짐을 내려놓을 수 있었다고 말했다.

작가는 자료 조사에 심혈을 기울였다. 직접 발로 뛰며 수집한 것도 많았지만, 관련자들이 건네준 자료 역시 상당했다고 했다. 1947년부터 1948년까지 '빨갱이'로 몰려 무차별 학살당한 제주도민의 유족들은, 자신들의 고통과 한을 풀어 달라며 자료들을 건넸다고 했다. 그녀는 한동안 그 자료들만 읽으며 섣불리 집필에 나서지 않았다. 모든 것이 내면에서 체화되어 자연스럽게 발아할 때까지, 긴 시간 동안 묵묵히 기다렸다.

그녀는 한동안 제주도의 눈밭을 찾아 헤맸다. 눈이 내리면 언제든 달려 나가, 흩날리는 눈을 맞으며 손에 눈을 쥐고는 그것이 녹아 사라질 때까지 바라보았다. 그렇게 눈을 자신의 관념으로 승화시켰다. 소설의 처음부터 끝까지 눈이 내리게 하고 싶었다고 했다. 책의 한 구절에는, 눈이 내리면 내면을 들여다보게 되고, 무엇이 중요한지 가려낼 수 있으며, 잔인한 일을 한 발짝 떨어져 바라볼 수 있다고 적혀 있다.

소설에는 눈, 새, 촛불이 사건 전개의 중심을 이룬다. 눈에 대한 작가의 시각은 탁월하다. 눈은 절대적이면서도, 아름답고, 사라지는 매혹성으로 모든 것을 연결하는 이미지이다. 삶과 죽음, 꿈과 생명, 침묵과 소리를 대변하며 작품 전반에 걸쳐 눈이 내린다. 무심한 신처럼 내리는 눈 속에 죽은 넋이 등장해 서사를 이어가고, 시와 같은 이미지들이 이야기를 이끌며 아픔을 대변한다.

작가는 소중하고 간절한 마음을 새의 이미지로 형상화한다. 죽은 새가 그림자로 돌아와 울렁거리며 "아니, 아니"라고 되풀이하는 장면을 꿈에서 본 후, 그 의미에 대해 깊이 생각했다고 한다.

소설에서 주인공 경하는 폭설의 고통과 추위 속에서도 몇 년 전 자신의 어깨 위에 내려앉았던 앵무새의 전류 같은 감각을 되살리며 눈길을 헤쳐 인선의 집에 도착한다. 새는 작가에게 무한한 어려움과 고통을 이겨내는 존재로 각인되어 있었다.

현실인지 꿈인지, 살아있는지 죽었는지, 그 모든 경계가 모호하다. 《소년이 온다》가 과거 광주 사태에서 죽은 중학교 3학년 소년인 동호가 여러 화자를 거쳐 현재로 걸어 나오는 이야기라면, 《작별하지 않는다》는 그 반대다. 현재의 서사에서 과거의 혼으로 걸어 들어가는 이야기다. 촛불이 등장하며, 그 불꽃이 소진될 때까지 넋과의 동거가 이어진다. 현재의 인물인 경하는 제주 4·3 사건을 겪은 부모를 둔 인선, 죽은 앵무새 아미, 그리고 치매로 떠난 인선의 어머니인 정심에 이르기까지, 살아 있는 존재가 아닌 보이지 않는 넋들을 통해 서사를 펼쳐간다. 바닷속 깊은 낙하처럼, 실처럼 이어지는 암울한 이야기로 고통의 심연 속으로 침잠한다.

내리는 하얀 눈은 혼의 매개체이다. 4·3 사건 당시 내렸던 눈이 순환되어 지금 우리 머리 위에도 내리듯, 과거의 고통은 현재를 살아가는 우리에게까지 이어지며, 자연의 이치처럼 연결된다. 작가가 말한 "과거의 무엇과도 작별하지 않는다"라는 메시지는 이제 고통을 껴안는 사랑의 메시지로 다가온다.

한강 작가가 노벨 문학상을 수상한 이후, 나는 그녀의 작품들을 꾸준히 읽어 나갔다. 예전에 읽었던 〈채식주의자〉, 〈소년이 온다〉, 〈작별하지 않는다〉, 〈흰〉을 다시 정독했고, 작가의 또 다른 장편,

단편, 시집을 구입해 그녀의 내면의 결을 따라가 보았다. 〈희랍어 시간〉, 〈바람이 분다, 가라〉 같은 소설들도 3차원의 깊이를 품고 있다. 서사뿐 아니라 우주의 원리, 고전 음악, 수묵화 등 삶의 다양한 근원이 서사와 맞물려 펼쳐진다. 전반적으로 그녀의 글에는 공통된 근원적 이미지가 반복해서 나타난다.

작가의 문체는 강인하다. 차분하고 소심해 보이는 말투와는 달리, 그녀의 글에는 단단한 심지가 박혀 있다. 과감하게 자기 세계를 펼치면서도, 서사는 시처럼 아름답다. 직설적이고 세속적인 표현은 절제하고, 은유로 덧입힌 문장은 곱씹을수록 깊이를 더한다. 세상의 고통을 껴안으려는 그녀의 고군분투가 고스란히 전해진다.

세상에 대한 나의 성찰은 아직 갈 길이 멀다는 생각이 든다. 25세에 시와 소설로 문단에 등장한 작가는, 그로부터 30년 동안 세상의 이야기를 주시하며 사유의 폭을 넓혀갔다. 그 시작은 훨씬 이전으로 거슬러 올라간다. 유년 시절, 소설가였던 아버지의 책을 읽으며 공상을 즐겼던 작가는 인간의 근원적 고통과 상처에 천천히 스며들며 시간의 겹을 지나왔다. 스치는 일상에서도 늘 "왜?"라는 질문을 품으며 지내왔다.

그녀는 개울가의 파란 돌 이미지를 좋아한다. 햇빛을 받아 말갛게 씻긴 그 파란 돌을 줍기 위해 살아야 한다고 말한다. 시와 단편, 장편에 이르기까지, 그 파란 돌의 이야기는 다양한 형태로 변주되며 반복된다. 나에게 파란 돌의 존재는 무엇인지, 그 의미를 차분히 되짚어본다.

달의 궁전

 달은 이지러졌다가 다시 차오르기를 끝없이 반복한다. 바람이 스며드는 틈새에서도 창밖으로 밝은 달만 바라볼 수 있다면, 하늘에서 내려온 마법의 징조처럼 겉도는 인생을 부여잡을 수 있는 청년이 있다. 종잡을 수 없는 일들이 잇따르고, 혼란 속에 갈피를 잡지 못할 때에도 그는 단 하나의 달을 바라보며 희망을 품는다. 어둠 속에서 제자리를 찾아가는 달을 보며, 그는 상상의 세계로 향하는 문 하나를 발견한다.

 미국 소설가, 폴 오스터(1947~2024)는 《달의 궁전》에서 세 명의 탐구자(손자인 스탠리 포그, 아버지인 솔로몬 바버, 할아버지인 토마스 에핑)를 통해 자신의 삶을 극단으로 몰아가며 개인사를 새롭게 전환해 나가는 과정을 그린다. 이들은 모두 이지러졌다가 다시 차오르는 달처럼 퇴락의 길을 거친 뒤, 결국 성장의 길을 찾아낸다. 무모한 실행을 감행한 이후, 새로운 영감을 바탕으로 세상에 대한 새로운 비전을 제시하며, 이전과는 다른 삶을 살아간다.

 《달의 궁전》은 첫 문장부터 나를 사로잡았다. 등장인물의 정서와 세상을 바라보는 시각이 내 생각과 너무 유사해 문장마다 깊은 카타르시스를 느낄 수 있었다. 이 책을 접한 후, 폴 오스터는 내가 가장 좋아하는 작가가 되었고, 나는 그의 열렬한 애독자가 되어 다른 작품들도 연이어 섭렵했다.

주인공 포그는 뉴욕의 컬럼비아대학에 진학한 뒤, 삼촌으로부터 1,492권의 책을 선물 받으면서 이야기는 시작된다. 그는 미혼모의 아들로, 아버지가 누구인지도 모른 채, 세상에 적응할 생각도 없이 한쪽으로 물러나 살아가는 인물이다. 그럼에도 불구하고 지적이고 자기주장이 강하며, 스스로를 '미래의 천재'라 여기는 야심 찬 청년이다. 그는 자신의 삶을 하나의 예술 작품으로 만들기 위해 자신을 희생하려 한다. 선물 받은 책들을 모두 읽은 뒤 헌책방에 처분하고, 완전한 몰락을 향해 스스로를 던진다. 갈 수 있는 데까지 가본 뒤, 그 끝에서 무엇이 벌어지는지를 알아보기 위해 하나씩 시도하며 자신을 시험해 나간다.

포그는 철저히 자신만의 의지로 살아가며, 세상의 기준을 배제한다. 심미적 허무주의를 품은 그는, 비밀스러운 우연의 일치에 다가설수록 사물의 본질을 꿰뚫어 본다. 스스로를 희생해 바닥까지 내려간 끝에, 또 다른 운명을 거침없이 수용한다. 완전한 몰락을 자초하면서도, 어떤 상황에서도 배우려 애쓰며, 좋은 일이나 기적을 바라지 않는다. 세상에 정면으로 도전하는 포그의 배짱에서 나는 20대 아들 모습과 겹쳐지는 인상을 받는다.

이 책을 처음 읽었을 때는, 엄마로서의 짐은 이제 내려놓았다고 느끼던 시기였다. 두 아들이 대학에 진학하고 군 복무까지 마친 뒤여서, '아들이란 존재의 유별난 속성'도 어느 정도 파악하고 있었다. 별 탈 없이 무난하게 성장한 큰아들도 때로는 낯선 별에서 온 이방인처럼 느껴졌고, 스스로 부딪히며 자신만의 잣대로 원하는 것을 찾아가는 둘째 아들은 버겁게 느껴지기도 했다. 그런 두 아들의 복합적인 성향이 포그를 통해 고스란히 전해졌다. 청년기의 특성과 내면의 갈등, 부모와 조부모 세대의 서사가 맞물리며 수수께끼 같은 삶의 층위를 파헤쳐 나가는 구성이 흥미진진했다.

방황하는 청년도 아닌데, 나 역시 가끔은 현실의 삶을 벗어나 극한까지 자신을 몰아붙이고 싶은 충동을 느낀다. 비교하고 예견하며 실패하지 않으려 애쓰는 사이, 정작 하고 싶었던 일은 시도조차 못한 채 후회한 적이 여러 번 있었다. 만약 운에 맡기고, 충동에 따라 예측할 수 없는 우연성을 제멋대로 따라갔다면, 지금의 내 삶은 어떻게 달라졌을까? 현재의 삶에 만족하면서도 끝내 밀어붙이지 못한 또 다른 삶에 대한 아쉬움은 여전히 남는다. 혼자만의 삶이었다면 주저 없이 실행했을지도 모른다는 여운이 마음속에 맴돈다.

진정한 사랑은 벼랑 끝에 몰린 삶의 원천이 된다. 절벽에서 몸을 던진 듯한 포그의 삶을 마지막 순간에 붙잡아 준 것은 여자 친구인 키티의 사랑이었다. 포그에게 사랑은 추락을 멈추게 하고, 하강이라는 중력의 법칙마저 거스르게 하는 유일한 힘이었다.

사회 초년생인 큰아들이 막막한 시간을 버텨낼 수 있었던 것도 사랑이었다는 생각이 든다. 입사 초기에는 번듯한 직장에도 다니면서도, 이직을 고민하며 방황했다. 빡빡한 일정 속에서 기계처럼 밋밋하고 재미없이 살아가던 아들은, 여자 친구가 생기면서 표정부터 달라졌다. 감정적으로 풍요로운 삶을 제대로 누리는 것 같아 내심 안도했다. 사랑의 힘 덕분인지 회사 일에도 전념한 덕에, 최고의 인사고과 점수를 받아 승진까지 했다. 엄마로서 아들의 든든한 지원군이 되어준 여자 친구가 그저 고맙기만 하다.

포그는 우연히 맹인인 토마스 에핑의 입주 비서로 일하게 된다. 에핑은 한 번의 삶을 과감히 지우고, 다른 인물로서 새로운 삶을 살아가는 전직 화가로, 현재는 휠체어에 의존해 지낸다. 그는 포그의 친할아버지로 밝혀지며, 자신의 삶을 책으로 남기기 위해 포그를 고용한다. 외출할 때마다 에핑은 자신이 보지 못하는 사물을 말로 설명해 달라고 요구하고, 포그는 쉽지 않은 과제를 반복하며, 사물을 정확하게 묘사하는 법을 조금씩 터득해 간다. 사물 묘사에 욕심을 부릴수록 세부에만 집착하게 되고, 오히려 사물의 본질을 놓칠 수 있음을 깨닫는다. 그는 점차 묘사의 균형을 배워가며 에핑의 자서전을 써 내려간다.

폴 오스터는 이 대목에서 작가의 기법과 독자의 즐거움을 함축적으로 제시한다. 문장을 단순화하고, 본질과 부수적인 것을 분리해야 독자가 여유를 갖고 사물을 파악할 수 있다고 말한다. 그는 작가가 모든 것을 과도하게 설명하거나 묘사하는 데는 제동이 필요하다고 본다. 사물의 묘사에는 의도적으로 공백을 남겨두어야 하며, 그래야 독자가 암시를 바탕으로 이미지를 구성하고 스스로의 마음을 여행할 수 있다고 제안한다.

  포그는 모든 것을 잃고도 크게 낙담하지 않는다. 그는 서부를 탐험했던 할아버지 에핑이 머물렀던 동굴을 찾기 위해 북미 대륙 끝까지 갔지만, 전 재산이 들어 있던 차를 도난당하며 다시 무일푼이 된다. 애초에 부질없는 탐사였고 실패할 운명이었기에, 그는 초연하게 받아들인다. 그에게 중요한 것은 어떤 일이든 시도했다는 사실 그 자체이다.

  새로운 시도는 사람을 '전'과 '후'로 나눈다. 포그는 모든 것을 잃고, 허허벌판 같은 공허만이 가득한 세상 끝에 다다랐을 때조차도, 출발점은 이미 시작되었다고 보았다. 도전을 통해 결실을 얻지 못하면, 시도조차 하지 않았을 때보다 더 깊은 절망과 자기 책망에 빠지기도 하지만, 폴 오스터의 시선은 달랐다. 멈추지 않고 나가는 힘은 이미 내디딘 한 걸음에서 비롯된다고 말한다. 작가는 그 발걸음이 틀을 잡아갈 때, 현실의 나는 더 이상 예전의 내가 아님을 보여주려 했다.

  자신만의 달은 타인에게 통용되지 않는다. 포그는 초라한 아파트 창문 사이로 '달의 궁전'이라는 식당 네온사인의 명멸을 바라보며, 신비롭고 매혹적인 연상을 통해 자신의 삶을 위로한다. 포그처럼 새로운 삶을 위해 주어진 모든 혜택을 무모하게 내려놓고, 바닥부터 다시 일어설 수 있을까?

  정체된 삶에 의문이 들 때마다, 주저하지 않고 다른 길을 탐색하겠다는 주문을 마음에 새긴다. 불안을 무릅쓰고, 마음이 이끄는 곳으로 발길을 옮기는 일은 나에겐 묘한 충동을 안겨준다. 비밀스러운 우연의 일치 속에서 새로운 인생의 조짐을 예감하는 설렘이 깃든다. 설령 세상 끝의 공허함을 느낀다 해도 출발점을 자각하는 순간, 나는 이미 나만의 '달의 궁전' 앞에 서 있음을 알고 그 기분을 즐길 준비를 한다. 포그와 같은 습성이 내 몸에 배어 있음을 이제야 알아챈다.

댈러웨이 부인

한 해가 저물 무렵이면 《댈러웨이 부인》을 다시 읽는다. 종달새처럼 솟구쳤다가 곤두박질치는 상반된 감정으로 하루를 시작하는 이 소설은, 파티가 절정에 이르는 그날 저녁에 끝난다. 꽃과 나무, 새들이 깨어나는 신선한 아침, 파티에 장식할 꽃을 사러 가는 댈러웨이 부인의 모습은 활기차면서도 어딘가 암울하다. 그런 그녀가 요즘의 나를 비추는 거울처럼 애잔하게 다가온다.

완벽한 안주인인 그녀는 클러리서로 불린다. 파티를 좋아하는 그녀를 두고 속물근성이 있다고 말하는 이들도 있지만, 그녀는 사물의 본질을 꿰뚫어 보며, 한 걸음 물러나 조용히 응시한다. 어떤 것도 섣불리 단정 짓지 않는다. 그녀의 유일한 재능은, 거의 본능에 가까운 직관으로 사람들을 이해하는 능력이다.

버지니아 울프(1881~1941)의 《댈러웨이 부인》은 의식의 흐름이라는 기법을 통해 인간의 내면세계를 탐색했다. 댈러웨이 부인은 주변 사람들을 파티를 통해 연결하며 서로를 알아가게 하는 삶을 사랑한다. 초대받은 이들은 그녀가 마련한 따뜻한 모임 덕분에 짧지만 선명한 행복을 누린다. 그녀는 주변의 시선과 마음을 자연스럽게 끌어당기는 비범한 매력을 지녔다.

클러리서의 파티는 각자를 충만하게 만든다. 초청객들은 일상의 평범함에서 벗어나, 자신이 특별한 존재인 듯 고양된 감정을 느낀다. 고조된 분위기 속에서는 평소 쉽게 꺼내지 못했던 이야기들도 자연스럽게 흘러나온다. 클러리서는 과시하지 않고, 따뜻한 마음으로 특별한 분위기를 연출하며 타인에게 온정을 베푼다.

연말이면 송년 모임으로 분주해진다. 한 해가 저무는 아쉬움에 울적해지지만, 송년회 소식은 서운한 마음을 달래주기도 한다. 모임의 취지에 따라 다양한 장소에서 여러 부류의 사람들을 만나게 된다. 한 해를 되돌아보는 일은 형식적인 의례처럼 비슷한 방식으로 진행된다.

모임마다 나의 모습은 달라진다. 모임의 취지에 맞춰 스스로를 치장하고 연출한다. 때로는 적극적인 자세로 여유롭게 흐름을 이끌며 친근한 분위기로 다가서고, 때로는 구석진 자리에서 조용히 분위기를 살피며 말을 아끼기도 한다. 나의 태도는 모임을 주도하는 사람과의 친밀도에 따라 달라진다.

언제부터인가 연말 모임이나 단체 회식이 불편해지기 시작했다. 맛있는 식사를 하며 덕담을 나누는 시간이 허울뿐인 형식처럼 느껴졌다. 집에 돌아와 곱씹어보면, 중요한 무엇이 상실된 듯 허전하고, 오히려 불편한 감정들만 남았다. 겉치레에 불과한 형식 아래에서 진솔함을 나누기란 결국 허상에 지나지 않았다. '매너'라는 우아한 가면은 속마음의 진실을 교묘히 감춘다.

송년 모임은 저마다 다른 성격을 띤다. 한 해의 성과를 나열하고, 누군가의 공적을 칭송하며 박수갈채를 강요하는 순간이면 마음이 씁쓸해진다. 누군가가 주목받는 자리에는 자연스레 들러리처럼 소외되는 이들도 있기 마련이지만, 의례적인 절차는 해마다 반복된다. 모두가 따뜻한 마음을 나누며 위로와 기쁨을 누릴 수 있는 대안이 어딘가에 있지 않을까.

솟구쳤다 곤두박질치는 감정은 상황에 따라 달라진다. 무난한 일상에 뜻밖의 행운이 찾아오면, 실체를 알 수 없는 허공으로 높이 날아오르기도 한다. 비상하는 기세로, 이전에는 꿈도 꾸지 못했던 욕망을 향해 무작정 나아가지만, 정작 아무것도 붙잡지 못한 채 끝나는 경우가 허다하다. 결국 허상을 움켜쥐려고 애썼던 셈이다. 보상 심리처럼 욕망의 휘장을 탐내는 순간, 날카롭고 뾰족한 무언가가 마음을 찌르기 시작한다. 한순간에 추락해 삶의 가장자리로 밀려나면, 허망한 함정에서 허우적대며 스스로를 감추고 웅크리게 된다.

타인의 화려한 타이틀 앞에서 괜스레 주눅 드는 순간이 있다. 나는 내가 좋아하는 분야에 매진하며 소소한 행복에 감사하며 살았고, 여느 해와 비교해 크게 달라진 점도 없었지만, 유독 상실감이 밀려올 때가 있다. 주변과의 비교에서 오는 부담감이 허우룩한 빈자리를 무겁게 짓누르며, 눈앞의 세상을 흐릿하게 만들기 때문이다. 겨울에 움츠러든 꽃망울이 제대로 피어보지도 못한 채 바람결에 스러져가는 듯하다.

소설은 우리가 놓치고 사는 것들을 일깨워 준다. 딜레마에 빠질 때마다 소설은 새로운 시각과 해결의 실마리를 제공한다. 주변 사람들은 클러리서가 이룬 업적보다는 있는 그대로의 그녀를 사랑한다. 그녀는 이미 젊음의 승리를 마감했고, 허황된 꿈을 꾸지 않는다. 살아가는 일에 몰두하면서도 해가 뜰 때나 날이 저물 무렵, 하늘을 올려다보는 소소한 즐거움을 만끽할 줄 안다.

댈러웨이 부인에게 파티란 곧 삶이다. 파티를 여는 것은 베풀고, 이어주며, 창조하는 행위이다. 사회적 시선으로 보면 그녀는 평범해 보일지 모르지만, 문학적 시선으로 보면 특별한 존재다. 그녀는 타인의 아픔을 이해할 수 있는 따뜻함과 너그러움을 지녔으며, 초대한 사람은 특별하게 만드는 비법을 발휘한다.

그저 바라보기만 해도 기분이 좋아지는 사람이 댈러웨이 부인이다. 소박한 일상에서 기쁨을 전하고, 외로운 이들이 찾아오는 피난처가 되기 위해 미소 지을 줄 아는 사람이다. 삶을 아름답게 만들어 가는 그녀는 사랑받을 자격이 충분하다. 나는 포용하고 베풀며 자신을 우아하게 연출하는 댈러웨이 부인을 그저 동경할 뿐이다.

그녀가 사랑하는 것은 바로 지금 여기, 그녀 앞에 있는 것들이다. 지금과 다른 무엇이 되기 위해 감정을 소모하는 것은 어리석은 일이며, 빈 껍질 같은 허상을 떨쳐내고, 양극을 하나로 모으는 화합의 비전을 찾는 것만이 현명한 처신임을 그녀는 알고 있다.

비범함을 내세우지 못하더라도, 나만의 고유함으로 주변의 일상을 있는 그대로 수용하고, 지금 이 삶을 온전히 사랑하며 살아가려는 노력은 결코 헛된 바람이 아니다. 그러기에 이 세상은 살아볼 만하다.

이처럼 사소한 것들

별일 아닌 사소한 언행의 부재가 오해로 이어지는 일상이다. 마주친 눈길에 스친 미소, 부재를 염려하는 안부 인사, 친밀감을 전하는 공감 어린 대화가 사라지면, 어색한 기운이 관계를 서먹하게 만든다. 자신만 빠진 단체 사진의 인화처럼, 마치 세상에서 자기 존재만 지워진 듯한 고립감에 빠지게 된다. 사소한 무관심이 때로는 누군가의 정체성마저 흔들어 놓는다.

반면, 세심한 의사소통은 삶의 활력을 되살린다. 누군가와 희로애락을 나누며 공감대를 형성할 수 있다면, 삶은 더 이상 쓸쓸하지도, 적막하지도 않다. 서로의 이야기에 귀 기울이는 순간, 타인의 호응은 따스하게 가슴을 적시며 '우리'라는 이름의 관계를 이어준다. 모른 척하지 않고 돌아보는 찰나, 상대는 그 안에서 작은 용기와 희망을 품게 된다.

클레어 키건의 《이처럼 사소한 것들》은 평범한 일상의 소소한 순간들이 어떻게 소중하고 의미 있게 다가올 수 있는지를 보여준다. 묵묵히 성실한 삶을 살아가며 함부로 나서는 걸 두려워하던 소시민 펄롱이, 세상의 편견을 넘어 불행한 소녀를 구하기 위해 용기를 내는 과정을 섬세하게 그려낸다. 자멸적인 운명 앞에서 소녀의 손을 잡는 펄롱의 선택이 깊은 울림을 남긴다.

 펄롱은 석탄을 배달하며 아내 아일린, 다섯 딸과 함께 아일랜드 뉴로스에서 살고 있었다. 그는 미혼모의 아들로 태어나 자신의 아버지가 누구인지도 알지 못했지만, 가족을 철저히 돌보며 성실하게 살아갔다. 고된 삶 속에서도 이웃에게 따뜻한 마음을 나누는 것도 잊지 않았다.

 누군가의 배려는 고난에 처한 사람을 구제한다. 펄롱의 어머니는 16세에 미혼모가 되었다. 당시 시대적 상황 때문에 막달레나 수녀원에 감금되어 학대받을 수도 있었지만, 주인인 미시즈 윌슨의 도움으로 어렵게 일상을 이어갈 수 있었다. 가족마저 등을 돌린 그녀는 미시즈 윌슨의 집에서 일하며 펄롱을 키웠고, 자신의 갑작스러운 죽음 이후에도 미시즈 윌슨이 펄롱을 거두어 정성껏 돌보았다.

 "우리 좀 도와주시겠어요? 집으로 데려가 주세요."
 "일하다 죽을 때까지 일할게요. 저한테는 아무도 없어요."
 크리스마스 전날, 수녀원에 석탄을 배달하러 갔던 펄롱은 머리가 엉망으로 깎인 흉측한 몰골의 소녀로부터 구원의 요청을 받았다. 누구라도 이런 절박한 부탁을 듣고는 무심히 일상으로 돌아가기 어려울 것이다. 그렇다고 해서 선뜻 도움의 손길을 내밀어 해결책을 마련하기도 쉽지 않을 것이다. 누구나 선택의 갈림길에 서는 딜레마에 빠지기 마련이다.

수녀원이 운영하는 아일랜드의 막달레나 세탁소는 18세기부터 20세기 말까지, '타락한 여성들을 수용한다'는 명분으로 여성들을 학대하고 착취했던 곳이었다. 동네 사람들은 그 실체를 짐작하면서도 입을 다물고 눈을 감았다. 수녀원이 운영하는 학교들은 마을 어딘가와 연루되어 있었고, 교단이 한통속이라는 인식 속에 이를 묵인할 수밖에 없는 처지였다.

사회 피해자들의 생존 여부는 시대 의식 수준에 달려 있다. 용인이 곧 용서가 되지 않고, 고통의 책임 전가를 거부하며, 치밀한 조사와 탐색이 이루어지는 윤리 의식이 팽배한 시대라면, 개인이 겪은 학대와 부당한 대우에도 해결의 길이 열릴 수 있다. 그렇지 않은 사회에서는 모든 것이 쉽게 묻히고 만다. 아무리 소시민이 노력해도 사회적 관심과 지원이 뒷받침되지 않으면 문제는 쉽게 외면당하고 만다.

펄롱은 미시즈 윌슨이 보여준 친절과 격려, 아버지로 밝혀진 농장 일꾼 네드의 작고 소박한 사랑을 떠올리며 자신의 삶을 묵묵히 견뎌낼 수 있었다. 자신과 가족의 신변이 위협받을 수 있는 상황에서도, 빗장을 열어 세상 밖으로 소녀를 구출할 수 있었던 힘은 어린 시절 받은 타인의 배려에서 비롯되었다. 그는 마주할 고통이 두렵기도 했지만, 서로 돕지 않는 삶은 무의미하다고 여겼고, 결국 소녀의 손을 잡고 수녀원 밖으로 걸어 나왔다. 펄롱은 그 이후의 삶도 어떻게든 헤쳐 나갈 수 있으리라 믿었다.

막달레나 세탁소를 떠올리며 생각난 장소는 부산의 형제복지원이었다. 형제복지원은 1961년 전후 전쟁고아들을 수용하는 보육시설로 시작했으나, 1975년 이후에는 부랑인 단속 및 수용을 면목으로 정부 보조금을 받아 운영되었다. 수용 인원에 따라 정부 보조금이 책정되자, 이를 악용해 사람들을 마구잡이로 끌어와 강제 수용하는 일이 벌어졌다. 기합, 구타, 성폭행 등이 자행되었으며, 1987년 폐쇄될 때까지 657명의 사망자가 발생했다. 또한, 후유증으로 정신병원에 감금되거나 자살하는 등 정상적인 삶으로로 돌아가지 못한 이들이 대부분이었다.

사회의 약자는 장소를 불문하고 희생물이 되었다. 한통속이라고 말하며 대부분의 주민들조차 수녀원의 학대에 등을 돌렸던 것처럼, 당시 경찰들은 형제복지원의 만행을 외면했고, 오히려 인사고과 점수를 위해 마구잡이식 감금을 자행했다. 수감자들은 감금된 소녀들처럼 죽을 고비를 넘기고 탈출하더라도 곧 붙잡혀서 되돌아갔다. 경찰, 군대, 공무원들이 유착해 그들을 형제복지원으로 내몰았다. 소외당하고 상처받으며 누추한 사람이 사회의 제거 대상이었음은 막달레나 수용소나 형제복지원이나 마찬가지다. 학대와 구타 속에 힘겨운 시간을 보낸 그들은 평생 트라우마에 시달렸고, 평범한 일상의 행복에서 배제되었다.

과거의 오류를 소환하는 것은 우리의 몫이다. 과거의 기억을 떠올릴 수 있다는 것에 감사하며, 펄롱은 크리스마스에 받은 선물을 기억했다. 하찮은 물건일지라도 그 물건은 소중한 존재임을 느끼게 해주었다. 가족과 이웃을 아끼며 온정을 베푸는 펄롱의 삶은 과거의 작은 배려에서 비롯되었다. 반면, 지금 우리가 귀 기울여 들어야 할 것은 형제복지원 수용소에서 살아남은 생존자들의 참혹한 증언이다. 주어진 나날과 기회는 한 번 지나가면 결코 되돌릴 수 없다.

　생존자들을 소중한 존재로 기억하게 만드는 것은 거창한 행동이 아니다. 그들의 고통에 귀 기울이고, 아픔에 공감하며, 기억을 공유하고 기록하는 일이다. 야만의 세월을 견뎌온 그들의 시간을 인정하고 공감해 주는 일이다. "그게 무슨 상관이야? 우리한테 무슨 책임이 있어?"라며 펄롱의 아내인 아일린처럼 되물을 수도 있다. 울적해지고, 아무 소용이 없다고 느껴질 수도 있지만, 펄롱처럼 새삼스러운 기쁨을 느끼기 위해서는 무언가는 시도해야 한다. 그래야 세상은 바뀐다.

　한참을 달려왔지만, 엉뚱한 방향이었고, 샛길마저 점점 좁아질 때가 있다. 엉켜 있는 삶을 풀어내고 과감히 잘라 낼 수만 있다면, 어디서든 새로운 길이 열릴 것이다. 발목을 붙드는 엉겅퀴 때문에 한 발짝도 떼지 못할 때, 오히려 나를 벗어나 타인의 아픔에 눈을 돌려 보면 어떨까. 그러면 얽힌 매듭이 서서히 풀려나가지 않을까. 타인의 고통을 이해하는 순간, 삶의 무게는 덜어지고 새로운 시선이 나를 자유롭게 할지도 모른다.

참을 수 없는 존재의 가벼움

 사람들 속의 나는 어떤 모습일까? 나는 과연 만나는 이들의 진면목을 엿보았을까, 아니면 그저 겉모습만 보고 오해했을까? 피상적으로 드러나는 일반화된 이미지는 사람을 마치 깃털처럼 가볍게 만든다. 가벼워 보여서 선뜻 다가서기도 하고, 무게감이 없어 보여 흠칫 물러서기도 한다.
 내면 깊숙이, 그 가벼운 이미지를 떨쳐내려는 몸부림이 요동친다. '나는 그런 사람이 아니야. 내 안에는 묵직한 무언가가 깊이 내포되어 있어. 나를 제대로 좀 봐줘.' 속으로 웅얼거리며, 나다움을 드러내지 못해 다들 안달이다. 저마다 내밀하게 그럴듯한 구실을 대며 정체성을 밝히려 애를 쓴다.
 〈프라하의 봄〉이라는 영화로 각인된 밀란 쿤데라의 《참을 수 없는 존재의 가벼움》은 제목만으로도 깊은 사유를 불러일으킨다. 니체의 영원회귀 사상에서 출발하여, 가벼움과 무거움, 영혼과 육체, 필연과 우연 등 이분법의 세계를 철학적으로 탐구한 소설이다. 주인공 토마시, 테레사, 사비나, 프란츠 등의 인물을 통해 사랑과 정치적 억압(소련 침공), 운명과 자유의 문제를 깊이 있게 다룬다. 세상은 과연 정해진 잣대로 단순히 이분법으로 가늠할 수 있을까?

 가끔은 일직선으로 거침없이 뻗어나가는 삶을 꿈꾸곤 한다. 돌연 내려앉은 무거운 짐이 오히려 생생하고 진실한 삶을 만들어 가는 과정임을 간과한 채, 그저 가벼운 삶만을 동경하며 힘겨워 한다. 묵직한 삶은 정말 끔찍하기만 했을까? 가벼운 삶은 긍정적이기만 해서 공기처럼 가볍게 날아갔을까? 무거운 삶의 무게를 외면한 뒤에야 비로소 잘못을 마주한다. 삶이 가볍기만 했다면, 현실의 문제를 깨닫지 못한 채 삶과 괴리되고, 진정한 성찰 또한 이루지 못했을 것이다.

 죽음은 무겁고 엄숙하지만, 때로는 가벼운 듯 평온한 일상에 뜻하지 않게 다가온다. 토마시와 테레자는 충만한 행복 속에서 여행을 마치고 돌아오던 중, 브레이크 고장으로 인해 갑작스러운 교통사고로 목숨을 잃는다. 프란츠는 반전시위를 하러 캄보디아에 갔다가 우연히 만난 강도에 의해 살해당한다. 삶을 가르는 죽음은 이렇게 한순간 무력하게 찾아온다. 삶의 무게라 할 수 있는 죽음조차 예상치 못한 상황에서 우연히 발생해, 마치 가벼운 바람처럼 사라져 버린다.

 밀란 쿤데라는 베토벤의 음악을 인용해서 운명의 문제를 다룬다. 베토벤의 마지막 현악 4중주 16번 F장조 중 마지막 악장은 '그래야만 하는가?'와 '그래야만 한다'라는 두 모티프로 구성되어 있다. 주인공 토마시가 스위스에서 프라하로 돌아가야 할 당위성을 느낄 때, 이 악장이 인용된다. 악보 위에 적힌 '진중하게 내린 결정'이라는 문구는 운명의 목소리와 맞물리며, 필연적이고 묵직한 것만이 진정한 가치로 여겨지는 듯한 울림을 전한다. 토마시는 얽매이기를 거부하고 자유로운 사랑을 추구하지만, 테레시를 향한 사랑이라는 필연성 앞에 그것을 책임으로 받아들인다. 베토벤의 철학적 질문은 '운명과 필연성'이라는 주제로 소설의 서사 속에 맞물려 깊이 연루된다.

운명이라 믿고 힘겹게 내린 결단조차도 때때로 후회로 되돌아온다. 토마시는 자신이 선택한 길이 되돌릴 수 없음을 깨닫고, 무겁고 답답한 현실 속에서 과거의 자유로운 삶을 그리워한다. 당위성을 지니고 선택한 길이었지만, 예상치 못한 상황은 그를 난처하게 만들고, 결국 혼란의 딜레마에 빠지게 한다. 삶에는 반드시 그래야만 한다는 절대적인 명제는 없다. '정말 그렇게 해야만 했을까?'라는 질문이 맴돌지만, 끝내 명확한 답은 존재하지 않는다. 인생 저편 어딘가에서 대안은 언제든 불쑥 모습을 드러내고, 삶은 언제든 다른 무엇으로도 대체될 수 있다.

육체와 영혼의 이분법은 때론 우스꽝스럽게 묘사된다. 시골에서 상경한 식당 종업원인 테레자가 프라하에 사는 외과의사 토마스의 집에서 정사를 나누려 할 때, 갑작스러운 배고픔에 꼬르륵 소리가 나며 당황스러운 순간이 찾아온다. 테레사는 울음을 터뜨릴 듯했지만, 토마스의 포옹이 그 어색함을 가라앉힌다. 이처럼 한 사람 안에서도 육체와 영혼의 지향점은 다를 수 있다. 사랑이란 감정은 육체의 신호인 배고픔으로 인해 당혹스러운 상황을 만들어, 영혼과 육체 사이의 화해 불가능한 이원성을 여실히 드러낸다.

　사랑은 때로는 무겁고 때로는 가볍다. 테레자가 집을 뛰쳐나와 토마시를 향한 사랑으로 운명을 바꾼 것은 우연이 연속적으로 일어났다는 믿음에서 비롯된다. 테레자는 필연을 침묵하는 무거운 것이라 여기고, 우연을 어떤 계시로 받아들인다. 토마시는 테레자를 오이디푸스 신화 속 강물에 떠내려온 바구니 속 아이처럼 대하며 사랑을 시작한다. 그의 사랑은 은유에서 기반한 과장된 연출에 불과하며, 모순 속에서 가볍기만 하다. 반면, 테레자의 사랑은 무겁고, 토마시의 사랑은 가볍게 시작했으나 관계 속에서 점차 무게를 더해간다.

　우연은 주술적인 힘을 발휘하여 필연으로 이끈다. 악보에서 음률이 반복되고 변화하며 발전되어 악보가 완성되듯, 우연성은 악보의 테마다. 다채롭게 변주되는 파헬벨의 캐논 변주곡이 다채롭게 변주될 때마다, 하나하나의 점들이 선으로 이어져 일련의 사건으로 확장된다. 우연한 사건들이 퍼즐처럼 맞물리며 삶을 결정짓는 것처럼, 인생의 변화는 인간의 의지를 넘어 가벼운 우연으로 전이되며 마력처럼 작용한다.

　소설 속에서 눈길을 끄는 인물은 사바나이다. 그녀는 화가이자 자유로운 영혼으로, 어떤 것에도 얽매이지 않는다. 정치적 이념이나 연인, 안정된 삶조차 그녀를 구속하면 끊임없이 배반한다. 그녀는 예술을 통해 기존의 질서를 조롱하고 전복하는 행위로 완전한 자유를 추구하지만 공허함은 어쩌지 못한다. 익숙해지면 가차 없이 벗어나 새로움을 향해 나아가는 사바나는, 어딘가 내 본성과 맞닿아 있다. 나의 욕망을 투영할 수 있었던 사바나의 생각과 행동은 카타르시스를 불러일으키며, 혼란스러운 내면에 출구를 마련해 준다.

밀란 쿤데라는 소설 속 인물들을 통해 자신의 가능성을 투영했다. 이 인물들은 하나같이 그가 우회해 온 경계선을 뛰어넘었으며, 그는 넘지 못한 그 경계선에서 매혹을 느낀다고 말했다. 그런 점에서 인물들은 작가 내면의 미완성과 갈망을 반영하는 거울이기도 하다. 철학적 화두가 던져지면 그는 이데올로기를 일상으로 대변하여 서사를 형상화했다. 이를 통해 쿤데라는 인간 존재의 복합성과 모순을 드러내며, 독자가 스스로의 내면을 성찰하게 만든다.

수필을 쓰면서도 소설을 잘 쓰고 싶은 간절한 욕망이 늘 자리한다. 수필은 수채화처럼 펼쳐지는 일상에 의미를 부여하지만, 결국 자신의 한계를 넘지 못하는 벽을 지닌다. 반면 소설은 또 다른 자신이 될 수도 있었을 존재의 가능성을 품고 있어, 선택하지 않은 삶을 실험하며 존재의 본질을 탐구할 수 있다. 소설을 쓰는 매력은 한 사람 안에 공존하는 여러 가능성을 펼쳐 보일 수 있다는 점이다.

나는 무거우면서도 가볍다. 사물의 본질을 사유하고 현상을 넘어 진의를 파악하며 운명을 필연처럼 받아들이기도 하지만, 어디에도 구속되는 것을 극도로 싫어한다. 신선한 첫인상이 사라지고 구태의연하고 진부한 인상이 반복되면, 어디든 떠나 다시 처음부터 시작하고 싶어지는 본성을 지니고 있다. 자유의지가 아닌 타인의 지시나 간섭에 따르는 것을 무엇보다 꺼린다. 이러한 까닭에 떠남을 두려워하지 않고, 완전한 자유를 추구하는 사바나의 불안과 공허가 무엇보다 와닿는다. 현실의 나는 사회라는 울타리 속에서 각인된 이름으로 무겁게 서 있지만, 껍데기를 버린 영혼은 규제 없이 가볍게 날아가 공간을 자유롭게 가로지른다.

모든 삶은 예고 없이, 난생처음처럼 불쑥 들이닥친다. 우리는 리허설도 없이 무대에 오른 배우처럼, 마주치는 일상사에 허둥댄다. 매 순간은 무한히 반복되지 않는 유일한 경험이기에, 산다는 것은 실은 무게가 없다. 단 한 번뿐인 삶은 참을 수 없을 만큼, 깃털처럼 바람에 날리는 먼지처럼 가볍고, 때론 툭 털어낼 수 있는 일이 된다. 죽음조차 그렇게 가볍게 사라진다.

행복했던 마지막 순간, 테레자는 "슬픔은 형식이었고 행복은 내용이었다"라고 말한다. 행복이 슬픔의 공간을 채운다는 이 구절은 우리의 삶을 대변하는 듯하다. 마지막 장면은 전등갓을 빠져나온 나방이 방 안을 맴도는 모습으로 끝난다. 가벼운 나비처럼 반복되는 일상에서 행복과 구원을 찾는 삶이야말로 인생의 여정임을 생각하게 한다.

기억의 왈츠

 과거의 내가 낯선 타인처럼 다가올 때가 있다. 한 치의 여유도 없이 결과에만 집착하는 모습이 메마른 나뭇가지처럼 위태로워 보이던 때다. 정해진 일상 속에서 하루를 쪼개며 정신없이 살아갈 때는, 그런 삶이 해답인 줄 알았다. 시계추처럼 반복되며 흔들리는 삶은 점점 길을 잃어가고 있었다.
 세월을 견뎌낸 성숙함으로 과거의 자신을 먼발치에서 바라본다. 겉으로는 무난한 일상을 유지했지만, 속으로는 비틀리고 편협해 타인을 포용하지 못하던 시간도 있었다. 바람에 맞서 날갯짓하는 새처럼, 왜 그리 여유와 융통성이 없었는지 의문이다. 아등바등 버티며 현실을 살아가던 그때, 미래를 앞서 걱정하는 모습이 애처롭지만 어쩔 수 없었던 시절이었다.
 권여선 작가의 《기억의 왈츠》는 돌연 마주한 과거의 단상이 현재를 흔들며 파문을 일으키는 이야기이다. 육십 대 중반의 화자는 과거의 추억이 깃든 장소를 방문하며 불쑥 이십 대 기억으로 돌아간다. 까마득한 시간 속에 놓인 암울했던 그녀의 모습은 무섭고도 가여워 생경할 정도. 화자는 관객처럼 과거로 돌아가 아득한 기억을 더듬으며 잃어버린 고리들을 새롭게 연결한다. 40

년 전 화자의 과거는 이제야 제대로 해석된다.

　소설 속 화자는 독신의 공무원으로 근무하다 은퇴했다. 동생 부부와 함께 숲속 식당에서 갔다가 낯익은 풍경과 마주하며 혼란에 빠진다. 그곳은 고작 일 년만 다녔던 대학원 시절의 남자 친구 경서와 같이 왔었던 식당이었다. 당시 식당 앞 마당에서 만취한 여자가 난폭하게 강아지를 학대하며 공포에 떨게 했던 장면을 분노로 기억했으나, 지금에 와서는 연민과 공감으로 다가왔다.

　파국을 맞아 자신의 삶이 끝나길 바랐던 20대의 화자는, 여리고 힘없는 강아지처럼 두려움에 떨면 살아가고 있었다. 학대당하는 강아지는 자신의 과거였고, 연약한 강아지를 내팽개치던 만취의 여자는 자신의 미래처럼 보였다. 불안과 충동에 시달리며 충동적으로 살아가는 자신도 언젠가는 만취한 그녀처럼 광기를 휘두를 것 같아 두려웠던 시절이었다.

　유독 연민을 자아내거나 불쾌감을 주는 사람이 가끔 있다. 그것은 그 사람이 나의 연약한 일부와 닮아 동질감을 느끼게 하거나, 드러내고 싶지 않은 치부를 떠올리게 해 외면하고 싶어지기 때문이다. 나 또한 언제 폭발할지 모르는 근성을 감춘 채 살아가지만, 불쏘시개로 뒤적이면 튀어나올까 봐 꼭꼭 제어하고 조율한다. 통제되지 않는 감정이 두려워 애써 모른 척하며 살아가는 삶이다.

　경험의 파편은 기억을 재구성한다. 뒤엉킨 감정을 인지하면서도 모른 척 외면한다. 처참한 비열함이나 차가운 무심함을 가공해 깊숙이 저장하고, 과거의 모습을 스스로 합리화한다. 점점이 끊겼던 사건의 조각들이 느슨하게 이어지기도 하고, 잊고 있던 장면이 불쑥 떠오르기도 한다. 화들짝 일격을 맞은 듯 깨어나는 순간, 껍질은 벗겨지고 속살이 드러난다. 잘못 기억했던 부분들은 바로잡히고, 그 자리에 새로운 의미가 피어난다.

세대에 따라 결혼과 죽음의 의미는 사뭇 다르다. 나의 20대에 결혼은 일방적인 희생과 인내를 각오하며, 가족의 울타리를 시댁 중심으로 확장해 가는 삶이었다. 반면, 요즘 20대에게 결혼은 동반 성장과 상호 배려를 바탕으로 부부만의 울타리에 가치를 둔다. 이에 따라 양가 부모는 한 걸음 물러서고, 부부는 그들만의 독립적인 관계를 맺게 된다.

한 번도 죽음을 경험하지 못했던 나의 20대에는 죽음을 저 멀리 있는 남의 일처럼 여겼지만, 부모님의 장례를 치른 지금, 죽음은 훨씬 가까이 다가와 있다. 서서히 다가서는 운명의 그림자가 언젠가는 나의 차례가 될 것임을 알아채고, 그 사실을 무덤덤하게 받아들이며 살아가는 법을 배운다.

상대의 내밀했던 감정이 과거와 같은 장소에서 마침내 새롭게 깨어난다. 그녀의 힘든 시절은 타인의 호의에도 무심할 만큼 잔혹했다. 화자는 술에 취해, 느닷없이 때 이른 수박을 사 달라며 남자 친구 경서에게 떼를 썼던 기억을 떠올린다. 주정처럼 들렸던 수박 타령에도 불구하고, 수박을 계산하던 경서를 보며 화자는 묘한 감정을 직감했다.

 망각해선 안 될 또 다른 경서의 선물은 중학교 때부터 써온 일기장이었다. 그녀는 폭탄을 전달받은 기분으로 의아해하며 다 읽지도 않았다. 지금에 와서야, 일기장을 보낸 경서의 떨림을 감지하게 된다. 화자는 예순이 넘어서야 이십 대 사랑의 진정성에 눈뜬다. 독신인 그녀를 미묘하게 흔드는 것은, 오래전에 잊혀졌던 맹목적인 연정이다.

 누군가가 갑작스럽게 과도한 요구를 해올 때, 마음의 준비가 되어 있지 않으면 선을 넘는다는 생각에 당혹감부터 든다. 그것이 사랑하는 사람의 요구라면, 예상치 못한 접근에 가슴이 떨려 그 순간을 새로운 시작이라며 여기며 기꺼이 받아들인다. 마치 타인의 애정을 눈치채야 과분한 요구가 가능하듯 비빌 구석을 감지했던 과거의 사람이 있었기에, 사랑의 기억은 다시 재편성된다.

 소설가인 마르셀 프루스트는 과거의 의식에서 존재하지 않았던 것을 현재에서 인식하는 일이야말로 미래로 향하는 창조의 작업이라고 말했다. 그는 우발적으로 외적인 무언가에 의해 흥분된 상태에 있어야 기적과도 같은 사건이 벌어질 수 있다고 했다. 사랑은 우연과 동요 속에서 타자와 함께 기쁨을 나누어야 비로소 실체를 드러내는 감정이다.

 왈츠를 추듯 서로 박자가 맞아야 사랑도 리듬을 탄다. 남녀 사이의 인연은 평생 그리 흔치 않다. 이십 대에는 무모해서 단박에 사랑에 빠지기도 하지만, 주변의 현실적 압박에 밀려 타인의 사랑을 흘려보내기 일쑤다. 세월이 흐른 뒤, 그만한 사람은 없었다고 아쉬워하고, '만약에'라는 희망의 단서를 달아 상실의 시간을 되짚어 본다. 자신의 모든 것을 내맡기며 다가왔던 이십 대의 무모함은 드물기에, 지금에서야 다시금 그 마음의 무게를 가늠하게 된다.

 사랑이 이루어지려면 상대방을 받아들일 여백이 필요하다. 상대방이 끼어들 틈조차 없을 만큼 주변 환경이 각박하다면 사랑이 다가와도 그냥 스쳐 보낼 수밖에 없다. 둘러싼 현실이 모질게 자신을 꽉 붙들고 있으면, 누군가의 내미는 손길조차 허공에서 사라지게 마련이다.

 두 겹의 차원이 같은 무늬로 만나는 날, 잃어버린 사랑의 습득물처럼 과거는 기억의 틈새에서 제 모습을 드러낸다. 배타적이고 충동적이며 이기적이던 나의 시간도 지나갔다. 젊은 호기가 수그러들고, 수용과 성찰을 거쳐 삶은 점차 이타적인 방향으로 전환되어 간다. 조각 난 과거가 퍼즐처럼 맞춰지며 삶은 다시 직조되기 시작한다. 누군가 내미는 손을 저버리지 않고, 함께 왈츠를 추듯 인생의 리듬과 속도를 따라가는 상상만으로도 마음이 따뜻해진다.

우리가 인생이라 부르는 것들

 새벽 6시, 날카로운 전화벨 소리가 울렸다. 불안한 예감으로 그 날이 왔음을 알아챘다. "엄마가 돌아가셨다. 빨리 내려와." 언니의 울먹이는 소리는 허망한 나의 마음을 요동치게 했다. 날벼락 같은 비보에 울음 섞인 다급함으로 방마다 돌아다니며 가족을 깨웠다. 급히 짐을 챙겨 잠에서 덜 깬 가족을 차에 태운 채 장례식을 치르러 부산으로 향했던 기억이 새삼 떠오른다.
 현실의 급박함은 삶의 우선순위를 밀어내곤 했다. 엄마의 마지막 시간을 제대로 챙기지 못했다는 죄책감에 그 시절을 자주 되돌아보게 된다. 두 살 터울 아들의 대학 입시와 나의 일을 핑계로, 치매를 앓고 계시던 어머니가 계신 요양병원에 자주 내려가 뵙지 못했다. 마지막으로 본 어머니의 모습은 치매 말기로 식사도 거의 못 하시고, 호스를 통해 생명만 겨우 유지하며 의식을 잃은 안타까운 상태였다.
 그 이후 시어머니와 친정아버지가 차례로 세상을 떠나며, 나는 죽음이란 것이 유한한 인생을 얼마나 선명하게 실감 나게 만드는지를 알게 되었다. 다시는 돌아올 수 없는 인생의 중요한 순간들은, 통렬한 인식도 없이 그렇게 스쳐 지나갔다.

오십이 지나고 보니, 우리가 인생이라고 부르는 것들을 조금은 말할 수 있는 것 같다. 정재찬 교수의 《우리가 인생이라 부르는 것들》을 통해 나의 인생을 반추하며 중년의 터널을 지나는 다른 이의 삶과 견주어 본다. 이 책은 시와 에세이를 통해 삶의 다양한 순간을 깊이 있게 조명한다. 조금은 겸허해지는 자신을 발견하며, 지금의 나는 앞으로 남겨질 인생의 어느 지점쯤 와 있는지 가늠해 본다.

파상공세처럼 밀려드는 삶의 짐을 평생 골키퍼처럼 막아내기만 하며 살아온 남편의 삶도 이제야 처연하게 느껴진다. 그동안 교육비, 부모님 병원비, 각종 세금들, 부의금과 조의금까지 겹쳐 그는 점입가경의 경지로 내몰리고 있었다. 무거운 책임을 짊어진 한 가장의 삶은 어느 순간 숭고하게까지 느껴졌고, 비로소 그에게도 따뜻한 연민을 보낼 수 있게 되었다.

서울에서 내려오기 직전까지 나는 영어 교습소를 운영했다. 제2의 인생을 꿈꾸며 준비했던 삶의 터전은 결코 녹록지 않았다. 회원 한 명이라도 더 유치하기 위해 동분서주하며 전단지를 돌리고 현수막을 내걸었다. 나가는 월세와 운영비도 만만치 않았다. 투자한 시설비를 감안하면 그에 상응하는 수익을 내기란 쉽지 않았고, 주변에는 유사 학원들이 즐비했다. 경쟁자가 넘쳐나는 개인 사업장을 운영하는 일이 얼마나 힘든 일인지 절실히 실감했다. 삶의 다양한 공격이 틈을 주지 않고 연달아 닥치며 안팎으로 불안에 떨게 했다.

부모로서 성찰의 시간도 있었다. 지금은 성인이 되어 제 갈 길을 잘 가고 있지만, 사춘기를 지나던 아이들을 통해 부모로서의 오류를 발견하고, 스스로 되돌아보는 시간도 가졌다. 부모가 되지 않았다면 결코 느낄 수 없었을, 한 인간으로서의 반성의 기회였다. 두 아들은 사춘기를 지나며 부모로부터 독립하려는 성향이 커졌고, 통과의례처럼 자신을 억압하는 기존 질서로부터 벗어나고자 했다. 그 과정이 성숙한 인간으로 변모해 가는 여정임을 이해하기까지는 시간이 필요했고, 결국 자율에 맡기는 것이 최선이라는 결론에 이르렀다. 자식에 대한 사랑은 기다림의 미학이었다.

오십이 지나니 몸의 이상이 여기저기서 감지되었다. 외관상으론 큰 변화가 없지만, 몸 안의 변화는 서서히 일어나고 있었다. 큰 병원에 가서 검사도 했고, 건강검진에서 기본 진료 외에 추가로 검사할 항목을 찾기도 했다. 닥쳐올 불행을 미연에 방지하려다 보니, 지레 걱정이 앞서는 요즘이다.

매번 긍정의 힘을 외치는 것만 다가 아님을 이제는 안다. 헤쳐 나갈 것이 많은 인생의 버팀목에서는, 자기계발서 같은 긍정의 힘을 외치며 어려움을 극복하고자 한다. 기필코 역전승을 끌어내겠다는 긍정의 미신은, 때로 헛될 뿐만 아니라 위험하기까지 하다. 솔직한 감정을 표현하지 못하고, 힘든 현실을 무조건 견디는 일이 얼마나 어리석은지 체감했다. 지나고 보니, 힘들 땐 힘들다고 인정하고 사치처럼 느껴지는 초연함으로 잠시 멈춰 서는 것이 상책이었음을 깨닫는다.

누구에게나 감정의 지하실이 있다. 우울함이나 불안 같은 문제는 현대인이 짊어져야 할 증상들이다. 무조건 누르기보다 그 감정을 살펴보고 인정하며 흘러갈 길을 터 줘야 건강한 정신을 유지할 수 있다. 깊이 숨겨진 감정도 인정받기를 원하며 어디로든 빠져나갈 통로를 찾는다. 가슴에 묻어둔 아픔과 고통이 수필로 피어나길 기다리며, 감정의 결을 조심스레 매만진다.

누구에게나 가면이 필요한 순간이 있다. 되고 싶은 나와 타인이 원하는 나 사이에서 갈등하며, 저마다의 가면을 몰래 써보기도 한다. 화려하고 빛나는 환상의 리플리 증후군을 배격하고 있는 그대로의 자신으로 살아내는 것. 어쩌면 그것이 가장 담담하면서도 용기 있는 선택인지도 모른다.

곡선의 힘에 숭고한 경배를 올린다. 거센 풍랑에 길을 잃고, 깊은 밤의 적막 속에 고통스러웠던 나는, 왜 이런 시련이 내게 닥쳤는지 스스로 묻고 또 갈팡질팡했다. 인과관계로 설명되지 않는 경우도 있기에, 현실의 고통에서 벗어나기 위해 스님 법문에 귀 기울이며 해답을 찾으려 애썼다. 지금 돌아보면, 직선처럼 내달리는 삶에서 이탈할까 봐 두려워 안간힘을 썼던 것이다. 지금에서야 비로소 고개를 끄덕이며 수긍하게 된다. 그렇게 할 명분이 있었음을 이제는 자각한다. 샛길은 언제 어디서나 불쑥 나타나 또 다른 대안을 조용히 제시해 준다는 것을.

나이 듦은 사고에 성숙함을 더한다. 예전에는 파악하지 못했던 관점이 확연히 드러나고, 단편적으로 보이던 정체성이 전체 실루엣으로 형상화된다. 에둘러 걸어온 곡선의 인생이 성찰의 기회를 주어서 결코 헛되지 않았음을 깨닫게 된다. 타인의 욕망에 이끌려 헛된 꿈을 꾸고, 정해진 삶에서 벗어나는 것에 대한 두려움으로 불안했던 시간도 있었지만, 화려하고 번듯한 것만이 전부가 아님을 깨닫는 시간들이었다.

우리가 인생이라 부르는 삶의 모든 관계는 유기적으로 얽혀 있다. 부모님을 통해 나의 모습이 형성되었고, 자식은 부모의 모습을 반영하며 성장한다. 모든 흐름이 성숙으로 나아가는 자연스러운 과정임을 깨닫게 되면서 관계의 소중함을 인식하게 된다. 인생의 모든 순간은 그 자체로 의미이자 언어이다. 그 함축된 의미를 해석할 수 있을 때, 비로소 삶의 깊이가 더해지고, 쉽게 흔들리지 않는 삶을 살아갈 수 있다.

잘 먹고 건강을 지키는 일은 인내와 노력이 필요한 일이다. 가정의 음식을 책임지는 주부로서, 건강하고 맛있는 먹거리를 준비해 가족과 함께 나누는 기쁨 또한 크다. 음식을 정성껏 준비해 테이블에 멋있게 세팅하고, 맛과 분위기에 취해 가족과 즐거움을 나누다 보면 이보다 더한 행복은 없는 듯하다. 가족에 국한해서 준비하던 음식을 이웃이나 낯선 사람들에게도 대접하는 시간을 가진다면, 또 다른 행복이 찾아오지 않을까.

발걸음마다 새겨진 풍경

✕

우리 삶에 형태와 색채, 멜로디를 주는 경험들은 숨어 있어 눈에 띄지 않는다. 어느 날 갑자기 익숙한 자신의 세계를 떠나 낯선 곳으로 향하는 욕망을 따라가 보자. 리스본으로 향하는 야간 열차를 타고 경험하지 못하는 타인의 삶으로 걸어 들어가 자신의 인생을 반추하면 자신과 마주 볼 수 있지 않을까?

– 리스본행 야간열차(파스칼 메르시어)

✕
추억 저장소

　봄기운이 감돌기 시작하면 내 마음은 벌써 그곳에 있다. 빨간 즙을 머금은 통통한 열매가 껍질을 차고 나오려 안간힘을 쓰고, 푸릇푸릇한 상사화는 바짝 마른 나뭇잎을 뚫고 살며시 얼굴을 내미는 곳이다. 노란 발레 슈즈에 흰 원피스를 입은 발레리나처럼, 맵시 있게 피어난 길마가지나무 꽃도 이따금 이른 봄을 알리며 모습을 드러낸다. 자홍색 팔랑개비 같은 풍년화, 발랄한 노란 산수유 꽃까지, 봄의 정취가 가득한 공원에서 '어서 오라'며 재촉한다.
　언덕 위 나무들은 수많은 계절과 바람을 품으며 우뚝 서 있다. 버젓한 위상을 뒤로한 채 걸음을 옮길 때마다 애초로운 감정들이 스며든다. 새털구름이 번지는 푸른 하늘을 배경 삼아 드넓은 공원을 내려다보면, 티끌 같은 세상도 푸른 숲처럼 느껴진다. 난무하던 시절을 그렇게 이곳에서 보냈다. 능선을 오르내리며 앞서가는 생각들을 너그러이 다독이며 묵묵히 걷고 또 걸었다.
　이곳은 몽촌토성과 호수가 어우러진 올림픽공원이다. 집에서 걸어서 10여 분 거리로, 누군가와의 만남의 장소였고, 번민을 풀던 해소의 공간이었으며, 상념이 머물던 집합소였다. 사계절마다 저마다의 흥취를 품은 올림픽 공원은 언제나 내 감정을 풀치던 위안의 장소였다.

특별한 날이면 온 가족이 그곳으로 소풍을 떠나곤 했다. 어린이날이나 어버이날이 되면, 시어머니와 고모네 식구들이 피크닉 가방을 메고 공원에 모였다. 어른들은 돗자리에 둘러앉아 도란도란 이야기를 나누고, 아이들은 제어도 통제도 없이 마음껏 뛰어다녔다. 자전거 뒷자리에 간식을 비끄러매고, 어린아이들과 함께 페달을 밟으며 달려가던 그 시절의 추억이 그림처럼 떠오른다. 시간을 거슬러 올라가면, 그 장소에는 미래에 대한 희망으로 젊은 날의 혼돈을 묵묵히 견디며 낙관하던 내 모습이 사진처럼 남아 있다. 그 시절엔, 오직 직선으로 순탄하게 펼쳐질 삶만 기대하던 때였다.

올림픽 공원에는 나만의 만남의 장소가 있었다. 88마당 앞, 초승달 모양의 커다란 빨간 조형물은 마치 누군가의 약속을 기다리는 듯 그 자리에 서 있었다. 중학교 시절 절친이었던 그녀들과 함께 공원을 돌며 이런저런 삶의 풍경을 펼쳐 보일 때, 우리는 결코 미래를 예견하지 못했다. 각자의 그늘을 스치듯 내비치면, 우리는 "나도 그래"라고 공감하며 살짝 덮어두는 기지를 발휘했고 덕분에 훈훈한 시간이 이어졌다.

바쁜 일상 속에 관계는 점점 느슨해졌고, 끝내 연락도 끊기고 말았다. 공백의 시간 동안 그녀들도 인고와 성숙의 시간을 보냈으리라 조심스레 짐작해 본다. 문득, 지금은 어떻게 살아가고 있을지 그들의 변화된 일상이 궁금해진다.

서울 특유의 사근사근하고 예쁜 말씨의 그녀가 떠오른다. 아이들 친구의 학부모였던 그녀는 가느다란 체구에, 웃음 섞인 목소리로 언제나 부드럽게 말을 건넸다. "민수 엄마, 오늘 시간 될까요? 올림픽 공원 산책 갈까요?" 그녀의 말씨는 늘 사람을 기분 좋게 했다. 남편과도 유독 사이가 좋은 그녀는 두 딸들과 참으로 알콩달콩하게 살아갔다. 올림픽 공원을 걸으며 집안 이야기도 여과 없이 털어놓고, 맞장구를 치다 보면 반나절이 훌쩍 지나가곤 했다. 무슨 이야기를 해도 마음이 편한 사람은 흔치 않지만, 그녀는 그랬다. 가족의 미래와 행복이 우선이었던 그녀와 나는, 충직한 엄마가 되기 위해 어지간히 사력을 다했다. 부산에 이사 온 지 10년이나 되었지만, 우리는 여전히 간간이 연락하며 서로의 안부를 챙긴다.

공원에서는 연중 다양한 장르의 음악회가 열렸다. 시민을 위한 무료 공연도 있었지만, 바리케이드 안에서 진행되는 유료 공연도 있었다. 나는 공원 지리를 잘 알아 어느 능선으로 올라가야 무대를 내려다볼 수 있을지 단박에 감을 잡았다. 가요든 재즈든 클래식이든 가리지 않고, 음악이 울려 퍼지는 곳이면 어디든 달려가 공원을 맴돌았다. 언덕에서 내려다본 탁 트인 공원에서 나무와 잔디, 꽃들 사이로 번져가는 음악은 환희의 파동처럼 퍼져 나갔다.

공원은 힘들 때마다 삶의 위로를 찾던 장소였다. 그럴듯한 배경과 숫자로 환산되는 가치가 내 삶의 방향을 조용히 재단할 때, 붙잡지 못한 기회가 아쉬워 현실이 공허할 때, 예상치 못한 타격으로 인생이 흔들릴 때마다 나는 올림픽 공원으로 달려갔다. 몽촌토성에 올라 능선을 따라 걸으며 서울 시내를 내려다보았고, 호수를 지나고 소마미술관을 지나 그즈음 새로 생긴 공원 도서관에 정착하곤 했다. 그곳에서 책을 읽다 보면 현실의 무게가 한결 가벼워졌다. 창문 너머 펼쳐진 풍경이 아름다워 바라보다 보면, 어느새 부드러운 바람이 살며시 스며들었다. 밤늦게 퇴근하는 남편을 공원에서 만나 속사포처럼 말을 쏟아내고 나서야 비로소 하루가 마무리되던, 그런 곳이었다.

유독 좋아했던 공원의 벤치가 있었다. 울창한 나무들 사이로 넓게 펼쳐진 잔디 너머 붉게 물드는 노을을 바라보는 순간, 허전했던 마음은 충만한 감정으로 바뀌었다. 종일 그곳으로 달려갈 시간을 기다리던 그때, 어찌 그리 감정이 널뛰었을까. 지나고 보니 별일도 아니었는데, 그때는 어찌할 바를 몰라 한참을 헤맸다. 우두커니 앉아 있으면 풍경은 깊은 시름과 번민을 이내 품으며 나에게 온화한 평정을 건네주었다.

올림픽 공원은 플러그를 꽂듯 과거의 기억을 되살리는 추억의 저장소이다. 발길 닿는 곳마다 20대, 30대, 40대의 감성이 층층이 쌓여 있다. 감당할 수 없어 벅찼던 욕망, 세상을 받아들이기엔 미숙했던 기량, 현실 너머 또 다른 세상을 동경하며 들끓던 감정, 그 모든 어쩌지 못했던 시간이 이곳에 쌓였다. 겹겹의 추억은 공원 곳곳에 특별한 의미를 새겨 놓았다.

매년 봄이 오면, 아들과 친구를 보러 간다는 핑계로 어김없이 그곳으로 향한다. 그때 오르내리던 감정을 되새기고 싶을 때면, 나는 혼자서 올림픽 공원을 걷는다. 과거가 되어버린 시간이 추억 속에서만 살아 움직인다. 함께 걸었던 사람의 의미도 달라졌고, 나의 터전도 바뀌었다. 타인의 공원이 되어버린 그곳은 여전히 나의 가슴을 아련히 물들인다.

기억은 흐려지지만 추억은 되살아난다. 현재의 나를 형성한 과거의 그림자는 재생되는 순간 매번 다른 그림을 그린다. 이제는 어슴푸레 떠오르던 애증의 대상과 순간들이 무뎌져 한결 덤덤하게 다가온다. 단 한 번 스쳤던 과거의 시간은 그저 지나갈 뿐이라고 말하는 듯하다.

올해 벚꽃을 보러 가면 그리움과 샘솟는 감성으로 예전처럼 애틋할까? 아직도 그 풍경에 연연하지만 차츰 광안리 바다의 추억에 길들여지는 요즘이다.

두 번째 바람

어스름한 새벽, 동이 트며 어둠이 걷힌다. 푸르스름한 하늘 아래, 붉디붉은 수평선이 광막한 바다 위로 펼쳐진다. 하얗게 부서지는 파도와 서서히 번지는 진홍빛 새털구름이 소나무 숲속 팔각정과 어우러진다. 밤을 밝히던 가로등 불빛은 아침 햇살에 스러지고, 새벽의 고요를 깨우는 풍경은 태초의 아침처럼 장엄하다.

한여름의 새벽 바다는 생기가 가득하다. 하나둘 사람들이 모여든다. 해 뜨기 전 바다의 정기를 맞이하고, 따가운 햇살이 내리쬐기 전에 서둘러 돌아간다. 누군가는 바다 수영을 하고, 누군가는 서핑보드나 카약을 타며 물결을 가른다. 서서히 스며드는 햇살 속, 새들은 힘차게 하늘을 가로지른다.

형광색 부표들이 바다 위에 떠 있다. 그는 슈트를 입고, 오렌지색 에어백을 매단 채 잔잔한 물살을 가르며 나아간다. 일출의 숨가쁜 맥박과 하나 되어 바다의 흐름 속으로 유영한다. 바다의 은밀한 신호에 응답하듯, 온전히 자신을 바다에 내맡긴다. 새로운 항로를 향해 노를 젓는 항해자처럼, 그는 인생의 부표를 찾듯 팔을 젓는다.

남편은 어느 날부터 바다 수영 장비를 차곡차곡 사들이기 시작했다. 집 근처에 바다가 있어 해수욕을 즐기기에는 안성맞춤이긴 했다. 적지 않은 나이에 서핑보드, 오리발, 부표 에어백, 바다 수영복까지 줄줄이 사들이자 나는 잔소리를 늘어놓았다. 그는 바다 수영 관련 유튜브 채널을 구독하며 장비 구매에 대한 조언을 얻고, 안전한 수영을 위한 기본 상식도 익혀갔다. 예전에도 바다 수영 대회와 마라톤 대회에 참가하며 도전을 즐기던 사람이었다.

남편은 입수 전, 날씨 앱으로 물때와 바다 상태를 꼼꼼히 확인했다. 만조와 간조, 풍량과 풍속, 수온까지 점검했다. 기능성 손목시계를 착용해 거리와 위치도 살폈다. 4월부터 10월까지, 날씨가 좋으면 어김없이 바다로 향했다. 송정과 광안리 바다를 수영선수처럼 맹렬하게 횡단하는 모습은 내 가슴을 서늘하게 했다.

나는 바다 한복판에 있는 남편이 위태로워 보여, 에어백 위치를 살피며 맨발로 모래사장을 걸었다. 발밑에 밀착되는 모래의 감촉은 부드러워 걷는 맛이 있었고, 규칙적으로 밀려오는 파도가 발목 언저리를 스치고 지나갈 때면 번잡한 생각마저 쓸려가는 듯했다. 파도 소리는 아름다운 선율처럼 새벽의 공간을 감싸며, 명상의 분위기를 자아냈다. 색색의 에어백들이 바다 위의 장신구처럼 리듬을 타는 모습을 바라보는 재미도 있었다. 나는 바다에 매달리는 남편을 보며, 그 속내를 헤아려 보았다.

한편으론 답답했고, 한편으론 측은했다. '젊지도 않은데 이 나이에 왜 저럴까?' 하고 구시렁대면서도 이해가 갔다. 가족이라는 짐을 짊어진 채 매정한 사회 터널을 지나오며 숨이 턱에 찰 때도,

남편은 끝내 감당해야만 했다. 업무에 대한 부담으로 밤잠을 설치고 고된 스트레스를 견디면서도, 삶의 굴레를 벗어던질 수 없었던 그였다. 이제 살아온 시간보다 남은 인생이 더 짧다. 나이를 핑계 삼아 모든 것을 내려놓기엔, 여생이 충분히 남아 있다. 그는 수십 년간 쌓아온 노하우에 아직은 희망을 걸고 있다. 인생의 패러다임이 바뀌는 이 시점에, 그는 이방인처럼 존재하며 자신이 설 자리를 잃어버린 듯 보였다.

나는 예전처럼 순조롭게 반복되는 일상을 늘 기대했다. 제자리에서 맴돌며 또 다른 경험의 세계로 나아가지 못하는 유유자적하는 생활이 오히려 불안하게 느껴졌다. 여태껏 가족의 경제를 무탈하게 책임져 온 사람을 계속 내모는 것 같아 미안한 마음도 들었다. 시간이 흐르며 찾아오는 변화를 자연스럽게 받아들여야 할 사람은 남편이 아니라 오히려 나라는 생각이 들었다. 그렇게 변화의 시기를 곱씹어 보았다.

두 번째 바람(Second Wind)의 순간이 누구에게나 찾아온다. 세컨드 윈드는 운동 중에 고통이 줄어들고, 운동을 계속하고자 하는 의욕이 새롭게 생기는 상태를 뜻한다. 이는 힘든 상황이나 피로를 극복하고 다시 에너지를 얻어 더 좋은 성과를 이루는 순간이다. 운동 초반에는 온갖 통증 때문에 운동을 중단하고 싶어지는데, 이처럼 진전이 멈춘 상태를 사점(dead point)이라고 한다. 이 사점을 지나야 운동을 계속할 의욕을 되찾을 수 있다.

그는 사점을 통과하고 있었다. 도시에서 자신을 해방하며 일상의 틀을 벗어났다. 한 마리 물고기도 잡지 못한 채 바다에서 돌아오는 《노인과 바다》의 산티아고 같은 남편이 못마땅했다. 수영 도구를 들고 들어오는 그의 모습은 산티아고가 어깨에 돛을 메고 돌아오는 것처럼 보였지만, 남편은 산티아고처럼 리니아 해변의 사자 꿈을 꾸고 있는 것 같았다.

 그는 두 번째 바람을 기대하고 있었다. 바닷속을 유영하며 스크린처럼 펼쳐지는 자신의 인생을 되돌아봤을 것이다. 영속하는 바다의 기운을 받아 멀리 있는 타지마할을 상상하며, 삐걱거리는 정신에 기름칠하듯 수평선을 향해 분주히 물결을 헤쳐 나갔다. 새로운 시도의 환상을 꿈꾸며, 번뜩이는 물의 에너지를 몸속으로 끌어들여 팔과 다리를 내젓는 행위로 바다의 무한한 감각을 받아들이려는 의지를 품었다. 자신의 내부에 맺혀있던 사력을 최대치로 끌어올려, 물의 생명력이 요정처럼 스며드는 기운을 즐기고 있었다. 물의 흐름에 밀착될수록 에워싸던 굴레가 한 겹 벗겨지는 해방의 감각을 몸에 각인하며, 인생의 오후를 기대하고 있었다.

 시니어 여성들의 바다 수영이 예사롭지 않다. 서핑 슈트를 입지 않았지만, 수온에 맞춰 나름의 감각으로 옷을 챙겨입고, 챙이 넓은 모자까지 갖춰 무리를 이루어 수영한다. 수영이라기보다 플로팅 보드를 안전장치처럼 두르고, 열심히 손과 발을 내젓는다. 깊이를 알 수 없는 바다에 몸을 내맡긴 그녀들은 허울뿐인 껍데기 같은 삶을 훌훌 벗어던지고, 차별화된 다른 세상을 꿈꾸는 듯하다. 평생의 올가미에서 해방된 듯 자유롭게 부유하는 그녀들이다.

과거의 숨 가쁜 집착에서 벗어나야 할 전환점이다. 경쟁 사회의 갑옷 같은 사회적 위치, 물질적 혜택, 안정된 지위에서 벗어나 비로소 온전한 자아를 마주할 수 있어 오히려 홀가분해진다. 직선으로 흘러가던 시간에서 벗어나, 반복의 삶이 일상으로 다가선다. 반복의 틈새를 메꾸는 소소한 일상이 미진했던 삶을 여유롭게 감싼다.

물처럼 흘러가는 삶에 자연스럽게 몸을 내맡긴다. 세상의 리듬에 맞춰 때로는 격렬하게, 때로는 차분하게 흐르며, 불필요한 욕망과 무모한 노력을 내려놓아도 별 탈 없이 지낸다. 우리 두 사람은 서로에게 보헤미안 같은 자유로움을 허락하며, 부드러운 햇살 속의 오후의 개화를 천천히 기다린다.

성 프란체스코 성당

 아치형 문을 들어서자 타임머신을 탄 것처럼 과거의 시간이 펼쳐진다. 층층이 벽돌로 외벽을 이룬 건물들이 중세의 시간 속으로 나를 이끈다. 나란히 줄지어 선 기념품 가게마다 미니 성상들과 천주교 성물들이 유리 장식장 안에 진열되어 있다. 성문에 들어서서 드넓은 광장을 지나니 언덕 저편에 성 프란체스코 성당이 장엄하게 서 있다.
 해 질 녘 언덕 위 성당에 경건함이 깃든다. 진홍빛 석양이 저 멀리 평원과 수평선을 이루자 성당의 조명들은 어둠을 대비하며 빛을 밝힌다. 어우러지는 노을과 성당의 불빛에 마음이 평온해진다. 때마침 들려오는 종탑의 종소리에 가슴이 툭 내려앉는다. 종소리 하나로 번잡한 현실에서 벗어난다.
 성지 순례단이 즐겨 찾는 이곳은 아씨시라는 도시이다. 이탈리아 움브리아 지방 평원의 수바시오 언덕 위에 자리 잡은 작은 마을이다. 성 프란체스코가 태어나고 자라서 생을 마감하는 날까지 가난한 자를 위해 기도하며 사랑을 실천했던 곳이다. 성자의 묘 위에 건립한 성 프란체스코 성당은 관광객들과 순례자들에게 영혼의 안식을 주며 자신의 삶을 돌아보게 한다.

남편과 8일간의 이탈리아 여행을 마무리하기 전날, 오후 5시가 넘어서 아씨시에 도착했다. 코로나로 한동안 여행은 꿈도 꾸지 못했는데, 팬데믹 상황이 풀리면서 이탈리아로 떠났다. 쳇바퀴처럼 반복되는 생활에 돌파구를 기대하며 여행을 감행했다. 불교 신자여서 아씨시 방문에 큰 의미를 두지 않았지만, 마을 초입부터 단박에 중세 도시의 아름다움에 매료되었다.

천주교 신자들은 성 프란체스코 성당 입구에서 감격스러운 표정으로 머리부터 발끝까지 가다듬으며 기도를 준비했다. 그들은 아씨시가 이번 이탈리아 여행의 주된 목적이었다고 말하며 촛불 봉헌을 위해 동전을 준비했다. 성당 앞에 늘어선 사람들을 보고 주변만 돌아보고 갈까 하다가 별 기대 없이 따라 들어갔다.

성 프란체스코 성당 1층으로 들어서자 압도하는 분위기에 그냥 숙연해졌다. 성당 안쪽으로 들어가 지하실로 내려갔다. 카메라 촬영은 금지되어 있어서 눈으로 모든 것을 담으려고 세심히 둘러보았다. 검은 격자무늬 철창이 사각으로 드리워진 둘레에서 사람들이 두 손 모아 무릎을 꿇고 절실하게 기도를 드리고 있었다. 그곳은 성 프란체스코의 유해가 묻힌 곳이었다. 그냥 지나치려는데 남편이 조심히 나의 팔뚝을 잡아끌었다. 가던 걸음을 멈추고 잠시 의자에 앉아 묵상을 했다. 엄숙한 분위기 속에서 종교와 상관없이 기도의 마음이 저절로 우러나왔다.

뜻하지 않게 간절히 기도하는 타인의 모습에서 어수선한 마음이 사라졌다. 얽혀 있는 생각의 실마리가 풀리는 듯 홀가분해졌다. 집착하는 모든 것에서 마음을 내려놓듯이 텅 빈 마음이 찾아 들었다. 힘든 일이 있으면 절에 가서 백팔배를 하고 기도를 드리는데 종교의 맥락은 근본적으로 통했다.

종교의 형식은 유사하다. 절에서는 새벽 3시와 저녁 6시에 범종이 울린다. 범종은 천상과 지옥에서, 법고는 땅 위에서, 목어는 물속에서, 운판은 공중을 나는 중생을 일깨우기 위해 울리는 소리이다. 불법을 담은 종소리는 모든 살아있는 생물에게 마음을 울려 깨치는 시간을 갖게 한다. 성당에서는 오전 6시, 낮 12시, 오후 6시에 타종하며 기도를 드린다. 하느님의 삶을 따르고 이웃, 자연, 동물에 이르기까지 사랑으로 포용하며 청빈하고 평화로운 삶을 위해 기도한다. 모든 생명체를 아울러서 사랑으로 감싸는 행위는 종교의 동일한 기원이다.

성 프란체스코와 부처님의 삶은 차이는 있겠지만, 부합되는 부분도 있다. 그들은 부유한 집안의 자제로 태어나서 향락을 누리기도 했으나, 어떤 일을 계기로 세속적 욕망을 포기하고 가난과 청렴을 바탕으로 중생들에게 진리를 설파하셨다. 성인의 삶은 종교의 틀은 다르지만, 지향하는 가치는 대동소이하다.

때로는 궁지에 몰린다는 생각이 들 때도 있었다. 이 상황이 부당하고 억울하며 원망스러울 때도 있었다. 그럴 때 마음을 잡아준 것은 중국 명나라 초 묘협 스님이 저술한 책에서 발췌한 '보왕삼매론'이었다. '보왕삼매론'은 어려운 일이 닥쳤을 때 어떤 마음으로 살아야 하는가에 대한 가르침이다. 인간이 추구하는 바람을 역설적으로 버리게 하는 열 가지 수행문이다. 성 프란체스코의 기도문을 보니 "미움이 있는 곳에 사랑을, 상처가 있는 곳에 용서를, 분열이 있는 곳에 일치를, 의혹이 있는 곳에 믿음을, 절망이 있는 곳에 희망을…." 이런 구절이 있다. 불교의 보왕삼매론과 카톨릭의 성 프란체스코 기도문은 일맥상통하는 부분이 있다.

성당 지하실에서 나와 2층으로 올라가니 중세의 거장 조토 디 본도네가 프란체스코의 생애를 표현한 프레스코화 28점이 벽화로 그려져 있었다. 벽화를 통해 13세기 이탈리아의 카톨릭 수도자로 프란시스코 수도회를 창설한 성 프란체스코의 삶을 들여다보았다. 절에도 부처님의 일생이 법당이나 절 뒷면 벽화로 그려져 있는데 언어보다 그림이 주는 의미가 확연하다.

2층 벽화를 보고 밖으로 나오니 어느새 주위가 어둑해졌다. 저녁 6시를 알리며 울려 퍼지는 타종 소리에 마음이 제 자리를 찾아가고 있었다. 청아하게 번갈아 울리는 종탑 안의 세 개의 종소리에 번뇌를 씻듯 무념무상의 순간에 이르렀다. 절의 범종 소리와 비교하면 강도와 진폭이 같지 않지만 마음을 치유시키는 수단은 동일했다. 지금 보고, 느끼고, 듣는 풍경을 영원히 담아가고 싶을 정도로 감동적인 순간이었다.

종교적 도시는 방문객들을 동화시키며 정화했다. 순례 여행을 온 검은 사제복의 수사들이 광장을 가로질러 걸어갔다. 가로등에 비친 어렴풋한 수사들의 그림자마저 고해성사의 분위기를 자아냈다. 청빈한 삶을 살고, 소외된 사람에게 헌신하며, 자연과의 교감을 강조한 성 프란체스코의 가르침을 따르는 순례객들의 바람이 공기처럼 스며들었다.

아씨시 여행은 거창한 말이 필요 없이 남편과 나의 손을 꼭 잡게 만들었다. 비우고 살며, 작은 것에 만족하고, 사랑으로 포용하며 더불어 사는 삶이 행복에 이르게 하는 길임을 순례자들을 통해 받아들인다.

남해, 다시 걷는 길

남해대교를 지나면서 움츠렸던 마음이 서서히 기지개를 켠다. 저 길 너머 나그네가 되고 싶을 때, 넓은 품으로 안아주는 바다가 에메랄드빛으로 반짝인다. 떠돌며 부대끼던 멍울은 나래를 펴 훨훨 날아가 바다의 윤슬이 되어 빛난다. 길 위에 펼쳐진 풍경의 떨림이 과거의 추억을 소환한다.

절경의 남해도로를 지나며 과거의 시간 속으로 들어간다. 10년 전, 온 가족이 방문했던 남해는 익숙한 부산 바다와 달리 섬으로 둘러싸여 색다른 정취로 다가왔다. 내키지 않던 아들들을 다독이며 독일 마을을 첫 행선지로 삼아 떠났다. 지금 남편과 단둘이 여행을 와서 같은 길을 다시 밟으며 과거를 돌아본다. 스쳤던 순간들이 바람결에 되살아나 발걸음마다 피어난다.

부산에 이사 온 후 남해는 첫 여행이었다. 서울에 살 때는 주로 강원도나 경기도로 여행을 떠났고, 통영, 거제, 남해는 너무 멀어 낯선 곳이었다. 당시 우리는 저마다의 고민으로 힘든 시기를 보내고 있었다. 큰아들은 군 제대 후 복학을 앞두고 진로 문제로 마음이 복잡했고, 둘째는 입대를 앞둔 불안한 미래에 심란해했다. 퇴직을 앞둔 남편 역시 남겨진 삶에 대한 부담감으로 마음이 편치 않았다. 나는 자신의 정체성에 의문을 품은 채, 매진할 분야를 찾아 헤매는 혼란스러운 시기를 보내고 있었다. 모두 정착하지 못한 채 어슬렁거리고 있었다. 우리 가족은 서로의 삐걱거림을 껴안고 현주소를 이전하듯 남해로 향했다.

독일 마을로 들어서자 이국적인 풍경이 펼쳐졌다. 유럽풍 주황색 지붕과 어우러진 하얀 주택들이 시선을 사로잡았다. 화려한 원색으로 채색된 마을은 생동감 넘치고 화사했다. 소품 가게와 소시지를 파는 맥줏집이 즐비한 거리에서, 20대 아들들마저 들뜬 마음을 감추지 못했다. 특별한 캐릭터를 좋아하는 둘째는 소품 가게 구경에 정신이 없었고, 독일 맥주의 깊은 맛을 좋아하는 남편은 펜션에서 마실 맥주와 프레첼을 샀다. 우리는 카페에서 소시지와 맥주를 맛보며 마치 독일 여행을 온 듯한 기분을 만끽했다.

독일 광장에 있는 파독 전시관에 들러 전시물과 영상을 관람한 뒤, 남해 전통시장으로 향했다. 테라스가 있는 펜션에서 바비큐와 조개구이를 해 먹을 생각에만 들떠 짐을 꾸렸던 아들들이었다. 시장에서는 싱싱한 해산물을 보며 무엇을 살지 흥정하는 재미도 있었다. 왕성한 식욕을 가진 장신의 두 아들과 남편을 챙겨 먹이려는 나의 마음도 한껏 풍족했다. 그날은 별다른 요리 없이도, 신선한 재료만으로 충분했다.

핑크색 풍차가 서 있던 펜션의 내부는 아기자기한 소품들로 꾸며져 있었다. 일부러 함께 부대끼기 위해 사적 공간이 없는 큰 원룸을 예약했다. 큰아들은 미리 준비해 온 블루투스 스피커로 보사노바 음악을 틀고, 친구들과 놀러 다닌 익숙한 솜씨로 숯불을 피우며 바비큐 재료들을 다듬었다. 세심한 둘째도 형과 같이 폼 나게 테이블 세팅을 했다. 탁탁 소리를 내며 입을 벌리던 조개와 목살을 번갈아 뒤집으며 그들은 맛있다는 소리를 연발하였다. 자질구레한 뒤처리를 한숨에 도맡아준 두 아들 덕택에 그날만은 주방일에서 해방되었다. 이제는 어른이 된 자식들과 마주 앉아 맥주와 와인을 취향껏 마시니, 세월이 이만큼 흘렀다는 사실이 비로소 실감 났다.

다음 날, 우리는 금산 보리암으로 향했다. 1주차장에서 보리암 주차장으로 올라가는 차들이 차례를 기다리며 길게 대기했다. 시간을 허비하느니 차라리 걸어가자며 큰아들이 재촉했다. 군에서 갓 제대한 큰아들의 호기에 이끌려 다 같이 걸어서 올라갔지만, 예상보다 길고 가파른 길이었다. 남들은 차로 가는데 우리 가족만 헉헉대며 비탈길을 오르는 상황이 못마땅했는지, 둘째는 구시렁거렸다. 그러자 큰아들이 한마디 했다. "군대 가면 이 정도는 아무것도 아니야. 늘 하는 일상이야." 동생을 단련시키듯 말하는 큰아들 모습에, 제대 후 탄탄해진 그를 보며 절로 엄마 미소가 번졌다.

남해 여행의 주된 목적지는 보리암이었다. 낙산사, 보문사와 함께 한국의 3대 관세음보살 성지로 꼽히는 이곳에서 함께 기도하는 것이 이번 여행의 바람이었다. 왼손에는 보병을 들고, 오른손은 바깥을 향해 가슴에 댄 채 자비로운 미소를 머금은 해수관세음보살상 앞에서 삼배를 올렸다. 가족의 평안과 앞날의 평탄함을 품에 안고 마음을 다해 간절히 기도드렸다.

 아이들 입시와 남편의 바쁜 일정, 그리고 아들 입대로 여유 있는 여행을 누릴 틈이 없었지만, 남해에서의 일정은 모처럼 오붓한 시간이었다. 몽돌해변에서 작은 돌멩이를 주워 물수제비를 뜨는 그들을 지켜보는 것만으로도 내겐 뭉클한 순간이었다. 둘째는 처음엔 무언가 생각이 많은 듯, 저 멀리서 묵묵히 해변을 거닐다가 큰애와 남편이 물수제비를 뜨는 모습을 보고는 덩달아 시작했고 이내 그들과 하나가 되어갔다. 아들과 남편이 무언가를 같이 하는 모습은 더없이 보기 좋았다. 늦은 밤까지 펜션에서 시시콜콜한 이야기를 나누며 뒹구는 시간은 가족의 끈끈한 유대감을 이어주는 시간이었다.

 시간의 흐름은 성숙과 원만함을 유도해 과거의 술렁임을 잔잔한 기억으로 바꾸어 준다. 큰아들은 대학 졸업 후 대기업에 입사해 5년 차를 맞았고, 둘째는 제대 후 제 세상 만난 듯 착실히 공부하며 대학원 마지막 학기를 앞두고 있다. 각자 일에 매진하느라 이제는 엄마의 잔소리도 필요 없어졌다. 사는 곳도 달라 자주 얼굴을 보기도 쉽지 않다. 그동안 많은 갈등과 좌절이 있었지만, 고비를 넘기며 점점 단단해지는 가족의 모습을 발견한다. 남편은 나름의 일상을 이어가고, 나는 일상의 파편을 수채화처럼 되살리며 수필을 쓰고 있다. 애써 진단하며 불확실한 삶에 대한 불길한 예견은 지나고 보니 기우에 불과했다.

남편과 나는 이제 단둘이 여유롭게 여행을 즐긴다. 원예전문가들이 꾸민 원예 예술촌에 들어서니, 개성이 뚜렷한 16개국의 정원이 화사하게 펼쳐진다. 그곳에 산다면, 매일 아침 정원 테라스에서 커피를 마시며 서두르지 않는 삶을 누릴 수 있을 것 같다. 자그마한 텃밭을 일구며, 그림 같은 전원생활을 꿈꾸는 상상도 잠시 해 본다.

코발트 빛 다도해를 한눈에 조망하는 설리 스카이워크를 조심스레 걷는다. 백사장에 눈이 내린 듯 눈부신 설리 마을 언덕 위에 세워진 전망대. 원형의 붉은 기둥 세 개가 돛대처럼 우뚝 서서 푸른 바다와 조화를 이룬다. 지면의 한쪽은 고정되었지만, 바다 쪽은 허공에 떠 있어 개방적이고 유연한 느낌을 준다.

부모는 자식의 디딤돌로서, 한쪽만 지탱해 주면 충분하다. 나머지 버팀은 자식 스스로 구축하고 설계해 나간다. 빈 곳이 있어야 더 자유롭고 새롭게 뻗어갈 수 있다. 아들들이 사회의 일원으로 유연하게 소통하며 살아가기를 바라며, 부모는 한 걸음 물러서 빈 여백으로 자리를 남기는 삶에 익숙해지려 한다.

나는 안전띠를 매고 바다를 향해 날아가는 그네에 앉는다. 남편이 밀어주는 힘에 맞춰 바다를 향해 힘껏 리듬을 탄다. '비상은 이제 우리 차례야'라고 조심스레 주문을 걸어본다. 남편과 번갈아 서로의 등을 밀어주며 높이 날아오르는 모습에 환호의 박수를 보낸다. 땅에 착지할 때는 조심스레 그네를 끌어당기며 서로의 균형을 맞춰준다.

광안리 밤 산책

 창문 밖 가게 불빛이 화기애애하다. 집에서 내려다보이는 제과점 앞 오색 조명에서는 금방이라도 버터 향 가득한 갓 구운 빵 냄새가 퍼져 나올 듯하다. 울긋불긋한 토핑의 케이크와 앙증맞은 디저트의 연상이 미각을 자극하며 외출을 재촉한다. 저 멀리 카페의 조명은 정겨운 대화를 속삭이듯 은은하게 퍼져 나온다. 광안리 밤 풍경은 달콤한 산책을 부른다.
 광안대교의 조명이 현란하게 어둠을 밝힌다. 까만 밤바다를 푸르스름하게 물들이는 불빛들은 음악에 맞춰 춤을 추듯 요동친다. 바다색마저 동화시키는 원색 불빛은 해안가에서 부서지는 하얀 포말과 야릇한 대비를 이룬다. 요트에서 공중으로 쏘아 올리는 불꽃들이 샴페인처럼 연신 터지며 바다 위를 화려하게 수놓는다. 밤하늘에 형형색색의 그림을 그리는 다리 위 조명은 바다 위 별처럼 반짝이다가 이내 흩어진다.
 광안리 해변 풍경의 부름에 이끌려 산책을 나섰다. 해변가를 비 삐 오가는 이들도 있고, 바다 풍경에 시선을 빼앗긴 채 카메라로 순간을 포착하며 천천히 걷는 이들도 있었다. 밤 풍경에 실려 바닷가를 거닐다 보면, 맴돌던 생각들을 잠시 접어두게 된다. 그 흔적을 지우듯 가볍게 걸음을 옮긴다. 걸음마다 어수선한 마음이 스르르 비워진다.

처음에는 바닷가의 번잡함이 낯설고 불편했다. 유흥을 즐기는 사람들로 어수선한 풍경에 마음마저 웅성거렸다. 나무가 울창했던 옛 동네의 고요한 공원 숲길이 그리워 모래사장으로 발길을 돌려 해안가를 따라 걷기 시작했다. 신기하게도 바닷물이 모래사장과 맞닿은 그곳에서는 도심의 소음이 잦아들고, 파도 소리만이 적막하게 들려왔다. 이제 나는 모래에 작은 흔적을 남기며 파도 소리를 배경 삼아 걷는 것을 좋아한다.

산책은 몸의 언어로 나를 돌보는 시간이다. 나쁜 자세가 신체의 불균형을 초래하는 것 같아 어깨를 펴고 두 팔을 흔들며 보폭을 크게 하려 애쓴다. 틀어진 몸의 상태를 바로잡기 위해 다소 과장된 자세로 걷기도 한다. 오직 걷는 행위에 집중하며 신체를 치유하고자 길을 나선다.

호기심 가득한 여행객처럼 걷는 즐거움도 누린다. 다양한 사람들의 활기찬 모습은 눈요기가 되어 단조로운 일상에 신선한 변화를 주고, 복잡한 생각에서 벗어나게 한다. 반복되는 하루에는 새로움도 설렘도 없지만, 광안리 밤 풍경은 늘 활기차서 도시의 맥박이 리듬을 타듯 생동감이 넘친다.

카페가 즐비한 거리를 거니는 것도 나름의 매력이 있다. 낯선 이들의 삶을 엿보며 상상의 퍼즐을 맞추는 즐거움이다. 카페나 식당 유리창 너머 보이는 풍경은 모두가 행복해 보인다. 타인의 시선을 의식하며 자신의 순간을 과시하듯 연출하는 모습도 흥미롭다. 남의 시간을 탐하는 이 순간은 마치 다른 삶을 살아가는 것처럼 색다른 기분이다.

눈여겨본 에스프레소 카페에 들어섰다. 창문이 활짝 열려 오픈 바처럼 연출된 개방감이 오가는 사람들의 발길을 끌었다. 카페 안쪽 진열대에는 남미 쿠바의 시가가 놓여 있었고, 옷과 모자, 향수, 등 각종 굿즈들도 함께 판매되고 있었다. 나는 커피 한 잔에 분위기를 향유하는 젊은 그들처럼 쿠바 원두로 내린 진한 에스프레소에 우유와 레몬 오일을 넣은 커피를 주문했다. 남미 음악이 흐르는 가운데, 액자처럼 펼쳐진 광안대교를 바라보며 혼자 마시는 커피 한 잔은 여유와 달콤한 쓸쓸함이 어우러져 묘한 맛을 남겼다. 주변에 앉은 젊은 세대들의 분위기를 살피며 그들의 삶을 마음껏 그려보는 것도 이채로운 상상이다.

카페를 나서자 감미로운 노랫소리가 들려왔다. 모래사장에 음향 시설을 설치하고, 인도 위 행인들을 불러 모아 연주하는 버스커(busker)들이었다. 간혹 빈 상자에 돈을 놓고 가는 사람도 있었지만, 그들은 자신의 노래를 들어주는 것만으로도 감사해하며 열정 어린 목소리로 행인들의 발걸음을 붙잡았다. 제멋에 겨운 애잔한 감정이 선율을 타고 울려 퍼졌.

멀쩡했던 카페나 식당이 어느새 텅 빈 공간으로 변해 있었다. 비싼 월세와 유지비를 감당하며 오래 버티기란 쉽지 않았을 것이다. 젊은 세대의 취향에 맞추어 급조된 가게는 반짝 흥행하다가 어느 틈에 자취를 감추었다. 실내장식과 물품들이 순식간에 사라진 그곳에는 터무니없는 상실감과 아픔만이 곳곳에 스며 있었다. 며칠이 지나면 이내 새 주인을 찾아 공사를 시작하는 광안리 가게들이다. 별일 아닌 듯, 희망과 체념이 반복되며 이어진다.

광안리 바닷가를 한 바퀴 돌고 제과점에 들렀다. 내일 아침 식사로 밀가루, 설탕, 우유, 버터가 들어가지 않은 단호박 캄파뉴와 시금치 치아바타를 샀다. 식물성 원료로만 구운 비건 빵은 몸에 부담이 덜해 안심이 된다. 해변가 밤 풍경에 눈이 팔려 쓸데없는 잡념들이 빠져나가니, 마음도 비건 빵처럼 한결 가볍고 담백해졌다.

밤 산책은 하루의 무게를 내려놓는 시간이다. 낮에는 일상의 의무감에 매여 스스로 짊어진 짐이 자신의 시간을 옥죄지만, 밤이 되면 마음이 느슨해져도 괜찮다며 스스로를 위안하게 되는 시간이다. 지인들 사이에서는 품위를 유지하고 체면을 지키느라 행동을 조심하지만, 익명의 보행자들 틈에서는 본연의 모습을 드러내도 아무런 간섭이 없다. 내 안에 숨겨둔 모습을 거리 위에서 자유롭게 드러낼 수 있는 시간, 그것이 바로 밤 산책이 주는 해방감이다.

밤하늘 아래, 지친 몸이 다시 깨어난다. 거리의 무리 속에 섞이며 마음도 리셋된다. 오히려 번잡한 광안리 바닷가이기에, 단추를 꽉 채운 외투를 벗고 개성이 뚜렷한 새뜻한 옷으로 갈아입은 듯하다. 생동감 넘치는 익명의 타인들 사이에서 기존의 생각을 훌

훌 털어낸다. 번잡한 광안리의 밤 산책은 정체된 감정들을 하나 둘씩 해방시켜 바람에 실어 보낸다.

지관서가(止觀書架)

 방황하는 발걸음을 이끌어줄 나침반 같은 대상을 찾고 있었다. 진득하게 한 분야에 매진하며 스스로의 길을 개척한 사람, 뛰어난 결실을 이루고도 겸손함을 잃지 않으며, 아이처럼 해맑고 자유로운 사람. 묵묵히 타인을 배려하고 존중할 줄 아는 사람. 나는 그런 사람을 만나고 싶었다.
 부산에서 여주까지 네 시간이 걸려 여백(如伯) 서원에 도착했다. 여백 서원은 맑은 사람들을 위한 책의 집이다. 학자이자 번역가, 괴테 연구자인 독문학자 전영애 교수님을 만나기 위해 한 달 전에 강의를 예약했다. 매월 마지막 토요일은 교수님의 강의를 들을 수 있는 날이자, 개인 공간인 여백제가 오픈되는 날이라 한껏 설렜다. 갈등의 삶에서 벗어나 극복의 쉼터를 찾아 이곳에 달려왔다.
 개인의 소중한 공간이 삶의 의미를 찾는 이들에게 열려 있다. 흑백의 돌담이 둘러싼 정문을 지나면 정갈한 한옥이 보인다. 현관 옆 작은 서재에는 자연 풍경이 액자처럼 펼쳐진 큰 창문 아래 소박한 책상이 놓여 있어 노학자의 소탈한 인품을 엿보게 한다. 거실 한가운데 긴 테이블 위에는 동, 서양의 문화가 어우러진

책과 예술 작품들이 자리한다. 바닥부터 천장까지 빼곡히 둘러싼 책들에 비해 그녀의 개인 공간은 딱 한 사람만 누울 자리를 차지한다. 평생 독문학에 전념했던 학자의 궤적이 서린 청렴한 삶 앞에서 숙연해진다.

어느 날 다큐멘터리 방송에서 전영애 교수님을 보았다. 진솔하고 청명한 미소로 수선화를 가꾸며 꽃에게 "안녕, 안녕"이라고 인사하는 모습은 행복에 겨워 보였다. 장화를 신고 양손에 삽과 호미를 들고 뜰을 가꾸시는 모습은 흡사 농부 같았다. 반면, 하루 종일 학문에 전념하는 모습은 한 치의 잡음도 끼어들 수 없을 만큼 고요하고 엄숙했다. 그 경지에 다다르기까지의 삶의 여정이 궁금해졌다.

나는 방송 이후 괴테의 책을 다시 읽기 시작했다. 집에 있던 《데미안》도 이제 보니 전영애 교수님의 번역이었다. 예전에 읽었던 《젊은 베르테르의 슬픔》을 다시 펼치니, 25세에 쓴 문장들이 지금의 나에게도 깊이 와닿았다. 익숙한 줄거리보다 젊은 괴테의 사색이 담긴 문장이 중년의 나에게조차 설득력 있게 다가왔다. 《선택적 친화력》이란 작품도 시대상을 반영하면, 꽤나 실험적이었다. 화학 용어인 '친화력'을 남녀의 관계에 적용해 이끌림과 그에 반하는 도덕적 관습 사이의 갈등을 풀어냈다. 심오한 사고력이다. 지금 읽어도 시대에 뒤처지지 않는 문장들이다. 곱씹을수록 사고가 확장되고, 그 문장들은 또 다른 연결 고리로 나를 이끈다.

한 분야의 전문가를 고찰하며 나의 삶을 되돌아보았다. 50년 동안 《파우스트》를 읽고서야 비로소 번역할 수 있게 되었다는 전영애 교수님의 겸손한 말씀에, 나는 기껏 몇 번 읽고 원고를 퇴고하는지 돌아보며 자성했다. 5년 전, 《파우스트》(을유문화사)를 번역하신 장희창 교수님의 강의를 들으며 작품을 정독한 적이 있다. 그때 장 교수님은 자신이 번역했던 문장 속 장소를 매년 직접 찾아가 번역의 정확성을 확인한다고 했다. 끝이 없는 학자들의 치밀한 탐구 앞에서 내 미약한 궤적이 부끄럽기만 했다.

마당의 풍경도 문학적 메시지를 담고 있어 사색을 유도했다. 구역을 표시하는 솟대가 눈길을 끌었다. 돌, 나무, 대리석 등으로 만든 기둥 위에 다양한 형태로 조각된 새들이 저마다의 영역을 뽐내고 있었다. 세종대왕 영릉이 있는 여주답게 솟대에는 세종대왕의 주요 어록도 새겨져 있었다. 용담, 물망초, 수레국화, 늘 푸른 에버그린이 봄기운을 머금고 활짝 피어 있었다. 유심히 둘러보는 즐거움이 있었다.

독일 시인 라이너 쿤체의 뜰도 있었다. 그는 전영애 교수님의 은사라고 들었다. 한편의 돌에 새겨진 라이너 쿤체의 시 '은엉컹퀴'의 구절이 마음 깊이 박혔다. 은엉컹퀴는 키가 민들레처럼 낮고, 하얀 꽃 한 송이를 피우는 식물이다. "뒤로 물러 서 있기, 땅에 몸을 대고, 남에게 그림자 드리우지 않기, 남들의 그림자 속에 빛나기", 이 구절을 읽으며 빛나지 않는 삶에도 자신만의 지구력이 있다면 버텨낼 수 있다는 위안을 얻었다. 외출할 때마다 봄이 오지 않는다며 찬 바람에 불평했는데, 오늘따라 따뜻한 햇살이 내려 마음이 설렜다. 선뜻 다가온 봄기운에 경직되었던 마음도 서서히 풀려갔다.

괴테 마을, 지관서가(止觀書架)의 인생 주제는 '극복'이다. 분주한 일상에 휘둘리는 삶을 멈추고, 고요한 마음으로 자신과 세상을 바라보게 하는 공간이다. 1층에는 카페와 작은 서점이 있었고, 2층에는 괴테의 방을 재현해 그의 초상과 작품들이 함께 전시되어 있었다.

전영애 교수님은 괴테 시 전집을 번역하며 바이마르 괴테 학회로부터 괴테 금메달을 수상한 바 있다. "사람이 어찌하면 그리 클 수 있을까?"라는 의문이 그녀로 하여금 괴테를 평생의 화두로 삼게 했다. 대문호 괴테 역시 수많은 문제에 직면해 좌절했지만, 매번 정면으로 부딪쳐 결국 그 벽을 뛰어넘었다고 한다.

사랑의 경험을 담은 《젊은 베르테르의 슬픔》에서 주인공은 이루지 못한 사랑에 좌절해서 자살했지만, 괴테는 그 고통을 문학으로 승화시켜 시대를 흔드는 베스트셀러를 탄생시켰다. 유미적이고 감각적인 문체가 주류였던 당시, 그는 질풍노도의 문학적 흐름 속에서 직선적인 언어로 현실을 파고들었고, 그로 인해 많은 비난도 감수했다. 그럼에도 불구하고, 괴테는 모든 책을 섭렵하며 독일 문학사의 지평을 새로 열었다.

강의에 참석한 관람객들의 면면은 다양했다. 어린 자녀의 손을 잡고 온 젊은 부부, 다정한 모녀, 지인들과 함께 온 모임, 중년 부부들까지, 모두 강의 내내 얼굴에 미소를 머금었다. 개인의 선한 영향력이 사람들 사이에 전파되며, 본받고자 하는 열의가 공간을 가득 메웠다. 한 사람의 깊은 울림은 전국의 사람들을 불러 모으고, 나아가 세계로까지 닿고 있었다. 방황하는 삶에서 예를 회복하려는 사람들의 발걸음이었다.

야트막한 능선을 따라 '괴테의 길'을 올라갔다. 길목마다 괴테의 문구가 새겨진 낮은 비석들이 곳곳에 놓여 있었다. 그 문장들을 음미하며 걷는 길은, 마치 성찰하는 괴테의 내면으로 들어가는 여정 같았다. 서성이던 마음도 점차 잠잠해지며, 마침내 제 길을 찾아가기 시작했다.

괴테의 《서동시집》 번역본을 구입했다. 이 책은 시어로 엮은 정신적 오리엔트 여행기이다. 괴테가 65세 때, 14세기 페르시아 시인 하피스 시집을 읽고 시적 감성이 다시 열려 쏟아져 나온 시편들이라고 했다. 전영애 교수님의 친필 사인을 받으며, 이 어려운 책을 읽어내기 위한 지침서를 세세히 전해 들었다. 동방에 대한 예찬을 노년의 심원한 지혜로 풀어낸 이 묵직한 책을, 연금술사의 정수처럼 읽어야겠다고 생각하며 집으로 돌아왔다.

비석에 새긴 라이너 쿤체의 시구절을 마음에 품었다. "시간이 나의 소유, 나의 경작지는 시간"이란 구절이 나를 일깨운다. 누구의 방해도 받지 않고, 오롯이 나만이 활용할 수 있는 시간이 늘어난 지금, 나는 이미 풍요로운 현실을 누리고 있는 셈이다. 나의 경작지를 정성껏 일구어 가다 보면, 언젠가 뒤처진 새일지라도 인정하며 손을 내밀어 줄 누군가가 있을 거라고 기대하며 조급한 마음을 내려놓는다. 아니, 이젠 머리 위로 날아가는 그 뒤처진 새에게 오히려 힘껏 박수를 보태며, 내 작은 위안을 전하고 싶다.

양동 마을

　5월의 따가운 햇살에도, 입구에 들어서자 마음이 설레는 풍경이 펼쳐진다. 오랜 세월을 품은 고즈넉한 초가집들이 산자락에 안겨 있다. 푸릇푸릇한 연잎 사이로 은은한 햇살이 스치며, 생명의 기운이 피어오르는 연밭에서 잠시 마음을 빼앗긴다. 시간이 느리게 흐르는 이곳엔, 삶의 온기가 포근하게 스며들어 있다.
　신라 천 년의 고도 경주에, 조선시대 문화와 자연이 공존한다. 설창산 산줄기를 등지고, 안강평야가 펼쳐진 골짜기 사이에 기와집과 초가집들이 옹기종기 들어서 있다. 언뜻 보기엔 빈집 같지만, 자세히 들여다보면 빨래가 널려 있고 가재도구도 보인다. 500년 전 조성된 이 마을에 여전히 사람이 살고 있다는 사실이 호기심을 자극한다.
　경주 손씨와 여주 이씨를 중심으로 형성된 이곳은 양동마을이다. 신랑이 처가를 따라 살며 형성된 씨족 마을로, 예부터 독특한 혼인 문화가 전해진다. 유네스코 세계문화유산으로 등재된 이곳은 놀랍게도 옛 모습이 그대로 보존되어 있다. 양동마을문화관을 둘러보며 대략적인 윤곽을 파악한 뒤, 본격적으로 마을 탐방에 나섰다.

풍수지리의 기본적인 형세를 두루 갖춘 마을이다. 토지의 영묘한 기운이 마을을 감싸 도는 듯하다. 자연을 거스르지 않고 순리대로 살아온 주민들의 낙천적인 삶의 태도가 마을 곳곳에 평온하게 스며 있다. 한 번쯤은 이런 곳에서 아무것에도 메이지 않고, 하늘과 달과 별을 바라보면서 무욕무심(無欲無心)의 경지로 살아 보고 싶다는 바람이 인다.

관가정으로 올라가는 길이 아름답다. 15세기 우재 손중돈이라는 선조의 살림집인 이곳은 '곡식이 자라는 모습을 본다'라는 뜻에서 이름 붙여졌다. 영겁의 세월을 지나오며 울창하게 뻗은 나무들이 돌담 주변에 너그러운 그늘을 드리운다. 돌계단 오른편에 활짝 핀 노란 금계화가 새털구름 아래 자리한 대문의 기와와 어우러져 절묘한 풍경을 이룬다. 누마루에 올라 마을을 내려다보면, 형산강과 안강평야를 끼고 군집을 이루는 마을이 한눈에 들어온다. 나는 맞바람이 스치는 안채 마루에 앉아 땀을 식히며, 옛 손씨 가문의 사람들이 사는 모습을 그려본다. 재물에 욕심 없이 곧고 청렴한 마음으로 학문에 정진하던 선비의 모습, 정갈한 옷차림으로 남편을 내조하고 제사를 챙기던 안주인의 모습이 어른거린다.

송첨 종택으로 올라가는 길은 더욱 풍치가 있다. 조선시대 양반 가문의 전통과 품격을 간직한 종택으로 향하는 오르막길 위에는, 오랜 세월의 풍파를 견딘 나무들이 비호하듯 서 있다. 입구에 다다를수록 시원한 바람이 불어오는데, 마치 나무 그늘에 잠시 앉아 풍경을 감상하라고 손짓하는 듯하다. 종택에 들어서면 대청마루와 마당이 양반가의 기품을 여실히 전해준다. 실제로 종손이 거주하고 있어 안채로 들어갈 수는 없지만, 그 안의 풍경과 거주자의 기분은 자연스레 상상된다. 달빛 아래 고즈넉함이 스민 밤의 종택 풍경이 연상된다.

서백당은 양동마을에서 가장 오래된 집이다. 사랑채에 걸린 '서백당'이란 현판에는 종손으로서 인내심을 기르라는 뜻이 담겨 있다. 하루에 '참을 인(忍)'자를 백 번씩 쓰게 했다는 가르침이다. 사랑채와 안채를 가르는 돌담은 마치 삶의 구획처럼 공간을 나누고 있다. 마당의 향나무에서는 신령한 기운이 느껴진다. 사진을 찍고 보니 향나무 한가운데 서 있는 나의 모습이 유난히 작아 보인다. 영겁의 세월을 통과하는 찰나의 순간이 바로 인생이라는 생각이 스친다.

무첨당으로 들어서니 별당 대청마루에 사람들이 옹기종기 앉아 있다. 무첨당은 조선시대 성리학자이며 문신이었던 이언적(1491~1553) 선생의 종가이다. '무첨당'이란 이름은 이언적의 맏손자 이의윤의 호에서 따온 것으로, "조상을 욕되지 않게 한다"라는 뜻을 품고 있다. 하얀 두루마기를 입은 종손이 방문객들에게 세상을 살아가는 이치에 대해 설명하고 있다. 외국인 몇 명은 돌계단에 앉아 그 모습을 지켜보고 있다. 나도 잠시 마루 저편 끝에 앉아 그들의 대화에 귀를 기울였다. 잘 들리지는 않지만, 조상의 숨결과 지혜가 방문객들의 팍팍한 삶을 위로하고 있는 듯하다.

종택을 돌아보며, 종손인 남편과 종갓집 며느리인 나의 역할을 되짚어보았다. 종갓집 며느리로서 큰 자부심을 지녔던 시어머니는 크고 작은 집안일을 정갈하고 능숙하게 처리하며 한평생 보내셨다. 남편 역시 종손으로서 책임감을 안고 친척이나 가족의 기대 속에 자신의 역할을 충실히 수행했다. 나 역시 의례나 절차가 버거울 때도 있었지만, 나름 성실히 임해왔다. 관행을 숙명처럼 껴안을 수는 없었지만, 근 삼십 년 가까운 세월 동안 내 몫은 충분히 해냈다는 생각이 든다. 이제는 전환점에 다다랐다. 시대의 흐름과 현실을 반영해야 할 때가 되었다고 느끼며, 종가의 분위기를 면밀히 들여다본다.

양동마을이 오늘날까지 그 모습을 간직할 수 있었던 것은 종가 자손들이 자신의 삶을 성실히 일구어 온 덕분이다. 유교적 관습과 양반이라는 계급은 사라졌고, 예전처럼 넓은 집에서 노비를 부리며 관습에 따라 제사를 지내는 시대도 이미 지나갔다. 그럼에도 한 집안의 중심 역할을 소홀히 하지 않았기에, 이 마을에는 여전히 고풍스러운 기풍이 깃들어 있다는 생각이 든다.

이제는 형식적 절차보다 인재가 우선이라는 생각이 든다. 현실 속에서 성실히 살아가는 나와 남편의 역할 또한 중요하고, 그 아래 자손의 역할 역시 마찬가지다. 부모가 넓은 아량과 인격을 갖추고 모범적으로 살아간다면, 자식 또한 크게 빗나가지 않을 것이다. 다복한 가정의 구성원은 사회에서도 제 몫을 다하며 선한 영향력을 퍼뜨리고, 건강한 사회의 기반으로 단단히 뿌리내릴 것이다.

  양동마을은 자발적으로 종가를 관리하는 종손의 역할 덕분에 그 명맥을 이어가고 있다. 마을의 전통과 문화적 가치를 지키려는 그들의 노력이 구심점이 되어 예전처럼 그 맥이 유지되고 있는 것이다. 우리 집안의 전통을 어떻게 현실에 맞게 재구성할 수 있을지 곰곰이 생각해 본다. 전통의 숨결이 살아 있는 마을에서의 하루는 잔잔한 여운을 남기며, 내게 숙제 하나를 남긴다.

통영 인물 기행

한겨울에도 거목의 위상은 바래지 않는다. 앙상한 나뭇가지들이 하늘을 향해 사방으로 뻗어 있지만, 주름과 옹이로 가득한 굵고 거친 줄기에는 풍파의 세월을 견뎌낸 기개가 서려 있다. 마치 그 장소의 정수를 대변하듯 우뚝 서 있는 거대한 고목처럼, 표본이 되는 거장을 찾아 겨울 여행을 떠났다.

아름다운 자연경관과 풍부한 문화유산이 있는 통영으로 향했다. 산해진미가 유명한 통영은 예술인들의 흔적도 잘 보존하고 있는 문화의 도시여서 적격의 여행지였다. 조선의 명장이자 구국 영웅인 이순신 장군뿐만 아니라, 윤이상 작곡가와 박경리 작가의 궤적을 돌아보는 탐방이었다. 통영에서의 인물 기행은 내 삶에 작은 전환점이 되어주었다.

첫 여행지로 윤이상 기념관에 들렀다. 갈색 목조 지붕이 이국적 분위기를 자아내는 장소였다. 기념관 옆의 베를린 하우스는 그의 독일 생활을 그대로 재현해 그의 삶을 깊이 들여다볼 수 있게 했다. 창문 너머 마당이 아름답게 펼쳐진 기념관 1층 카페에서 커피 한 잔을 마시며, 음악으로 하나의 우주를 만들며 작곡에 몰입했던 그의 시간을 상상해 보았다.

윤이상(1917~1995)은 서양 악기를 통해 전통음악을 구현했으며, 117편의 관현악을 작곡하며 독일에서 활동했던 음악인이다. 그는 서양 관현악에 도교와 불교 같은 동양적 요소를 가미했으며, 오페라 〈심청〉으로 세계적 명성을 얻었다. 그는 하나의 음이 생명을 가진 것처럼 생동하는 선율을 조합해 작곡했다. 자신만의 민감한 안테나로 흘러 다니는 우주의 음향을 받아들여 독자적인 음악을 창작했다고 한다. 여태껏 그의 음악을 잘 몰라서 그제야 대표 작품을 찾아 들었다. 바이올린과 오보에의 선율이 오묘하게 해금과 피리 같은 국악 선율처럼 들리는 관현악은 동양의 소리를 내포한 환상적이고 신비로운 음악이었다.

그는 세계가 인정한 천재 작곡가였지만, 살아생전 간첩 누명을 쓰고 한국 방문이 금지되었다. 독일에서 자신만의 철학과 인식을 바탕으로 아시아의 음을 오롯이 녹여내며, 고국에 가지 못하는 설움을 인내했을 거장의 고뇌가 느껴졌다. 정부의 배제 속에서도, 고독하고 처절하게 독자적인 음악으로 승화시킨 그 시간은 마침내 역사의 한 페이지로 새겨졌다. 진정한 예술은 문화와 역사, 현실을 포괄적으로 담아내어 음악으로 초월할 때 최고의 경지에 이른다는 깨달음을 새삼 얻었다. 작곡가로서의 울림을 되새기며 다음 목적지로 이동했다.

대하소설 《토지》를 비롯한 수많은 문학 작품을 저술한 박경리

기념관에 도착했다. 한산도를 내려다볼 수 있는 미륵산에 자리했고, 주변에는 박경리 작가의 묘소도 있었다. 선생님의 친필 원고와 편지 등 다양한 유품과 영상실의 자료를 통해 작품과 생애를 여러모로 이해할 수 있었다. 요란함을 싫어했던 생전 취향처럼, 마당 한가운데에 작고 수수한 동상이 남해 바다를 바라보고 있었다.

평상이 놓인 단출한 방에서 세상과 인연을 끊고, 25년간 600여 명의 인물을 창조하며 《토지》를 완성한 선생님의 인고를 그려보았다. 전시된 에세이의 명언을 읽으며 나의 글쓰기에 대한 갈등도 누그러졌다. 원고지를 채울 때마다 언어가 도망가는 것을 거장인 선생님도 겪었다고 하니, 조금 위안이 되었다. 《문학을 사랑하는 젊은이들에게》라는 에세이의 문장들은 방황하는 나에게 등불처럼 비쳤다. 자기 내부의 에고와 타협하지 말고, 모방하여 복제품을 만들지 말며, 순수한 감정으로 창조하라는 선생님의 당부는 돌처럼 단단하게 나를 지탱해 주었다.

박경리 선생님의 사상과 서술은 방대한 독서에 의해 뒷받침되었다. 선생님의 작품집을 훑어보며 내가 읽어야 할 책의 목록을 온라인 서점 장바구니에 담아 두었다. 집에 돌아온 후에는 살아생전 육성 대담 영상을 찾아보며, 삶과 문학 세계를 깊이 있게 접할 수 있었다. 고추밭을 일구며 세상에서 벗어난 채 글만 쓰셨던 그 삶에서 거목의 숨결이 느껴졌다.

통영항 여객선 터미널에서 배를 타고 한산도로 향했다. 하얗게 부서지는 물보라를 배 뒤에 남겨두고 갑판 위에서 곳곳의 섬들을 바라보았다. 임진왜란 당시 조선 수군이 왜군을 크게 무찌른 한산도를 향해 나아가는 기분은 들먹들먹했다. 한산도는 2007년 이후 추봉도와 연결되어 제법 큰 섬이 되었다.

섬에서 내려 30분쯤 걸어가니 제승당에 도착했다. 제승당은 '승리를 만드는 집'이라는 뜻으로 임진왜란 당시 이순신 장군이 부하들과 작전 계획을 세웠던 곳이었다. 난중일기와 시를 썼던 곳인 만큼, 풍경은 운치를 더했다. 한산대첩에서 학익진 전법이 펼쳐졌던 바다의 정취는 가히 수려하여 감동을 자아냈다.

한산도는 역사적 유산과 아름다운 자연 경관을 동시에 품고 있었다. 적의 동정을 염탐했던 수루에서 바라본 바다는 한 폭의 수채화처럼 아름다웠지만, 당시 백성과 부하, 조정에 대한 갈등과 고뇌는 막중했을 것이다. 민첩한 상황 대처와 일관성 있는 충직한 태도로 전쟁의 위기를 벗어나기 위해 온 힘을 다하는 고된 노력이 아스라이 짐작된다. 일률적이고 교과서적이던 이순신 장군의 위상이 신령처럼 변해 말을 건네는 듯하다. 역사적 현장을 방문하면 피상적으로 아는 것과는 달리 영묘한 기운이 전해진다.

격동의 시기는 진정한 예술가와 역사적 영웅을 탄생시키는 배경이 되었다. 개인의 역량도 뛰어났겠지만, 파란만장한 변화 속에서 예술가는 시대의 아픔을 작품으로 승화시켰고, 영웅은 혼란을 헤쳐 나가며 새로운 길을 열었다. 슬픔을 끌어안고, 있는 그대로 견디는 힘을 쌓으며, 험난한 경험과 역사적 배경이 어우러져 사회 혁신의 기회를 마련했다.

거장의 굴곡진 삶을 따라가다 보니, 사소한 갈등에도 쉽게 괴로워하는 자신이 한없이 나약하고 안이해 보인다. 이까짓 고민은 마음에 둘 일도 아니라고 여기며 가볍게 내려놓는다. 갖은 고통을 감내하며 끈질김과 강인함으로 고군분투했던 거장의 삶에 비하면, 나는 그저 일렁이는 물결 위를 떠다니는 존재일 뿐이다.

명승지에는 장소를 대변하듯 커다란 고목이 자리 잡고 있다. 현재의 삶이 고루하고 갑갑하게 느껴진다면, 고목 같은 통영의 문화 예술인의 자취를 따라가 보자. 윤이상의 선율, 박경리의 문학, 이순신의 용기가 현전의 갈등을 해소해 주는 씨앗이 될 것이다.

달아공원 전망대에서 붉게 물든 낙조를 바라본다. 수평선 너머 태양이 가라앉으며 주변의 섬들을 황금빛으로 물들이고, 세상 모든 고요함을 이끌어낸다. 역사적, 문화적 깊이 속에 깃든 한산도의 거목을 돌아보며, 마음에 불씨 하나를 조용히 피워낸다.

세상의 경계에서

✕

우리의 진정한 자아는 오롯이 우리 안에 있지 않다.
내면적인 것은 여전히, 그리고 항상 사회적이다.
왜냐하면 하나의 순순한 자아에 타인들, 법, 역사가 존재하지 않는 다는 것은 상상할 수 없기 때문이다.
흘러가는 시간에 대한 감각은 우리 안에 있지 않다.
그 감각은 밖에서부터, 자라나는 아이들, 떠나가는 이웃들, 늙어가고 죽음을 맞이하는 사람들로부터 온다.

- 밖의 삶(아니 에르노)

떠나갈 때 다가오는 것들

　모든 것이 떠나가던 시간이었다. 익숙한 삶의 터전이던 서울을 떠나 다시 정착한 고향 부산은, 물 위에 떠 있는 기름처럼 이질적이고 낯설기만 했다. 아이들은 군 복무를 시작하고 대학에 진학하며 자연스럽게 내 곁을 떠나갔고, 하던 일도 내려놓게 되었다. 가까운 이의 상실을 겪어본 적 없어 멀게만 느껴지던 죽음도, 부모님의 떠나감을 지켜보며 비로소 그 실체를 마주하게 되었다. 익숙한 것들이 하나둘 사라지고, 함께였던 사람들마저 멀어지자, 삶은 조금씩 비워져 갔다.
　취사선택한 삶조차 혼란스러웠다. 선택의 갈림길에서 취했던 우선순위는 시간과 환경이 달라지자 그 가치도 달라졌다. 홍상수 감독의 영화 제목처럼, 인생은 정말 '지금은 맞고 그대는 틀리다'는 말 그대로였다. 같은 상황이라도 선택과 맥락에 따라 전혀 다른 방향으로 흘러갔다. '그때 찾아온 기회를 놓치지 않았다면, 다가온 인연을 스쳐 지나가지 않았더라면, 힘들어도 조금 더 버텼다면….' 수많은 가정이 엉켜 머릿속을 맴돌았다.
　상실의 빈자리를 채우지 못한 채 움츠러드는 나날이었다. 어긋난 퍼즐 조각처럼 어수선한 일상에서 자주 떠오른 생각은, 시간이 흐르면 정답도 달라진다는 사실이었다. 어떤 관계를 지속할지, 어디쯤에 선을 그을지, 무엇을 새로 시작할지를 되짚으며 흩어진 조각들을 맞추기 위해 관계의 방향과 삶의 우선순위를 다시 생각해 보았다. 한동안의 부재로 어색해진 부산이라는 공간에서, 익숙함을 찾아 추억의 장소를 찾아다녔다.

잃어버린 초심을 되찾고자, 어린 시절의 추억이 깃든 초등학교를 찾았다. 동심의 공간에서 숨겨진 삶의 근원을 되찾을 수 있을 것 같았다. 모교는 출판사와 인쇄소들이 즐비한 중앙동, 40계단 근처에 있어, 원도심의 정취를 그대로 느낄 수 있는 장소였다. 세월이 흘렀지만, 그곳은 예전 모습 그대로였다. 한동안 이곳저곳을 기웃거리다 인문학 서원의 간판이 눈에 들어왔다. 언젠가 한번 가보고 싶다고 생각했던 곳이었다. 반가운 마음에, 나는 망설임 없이 문을 열고 들어섰다.

십여 명의 사람들이 모여 차분히 시를 읽고 있었다. 흐름을 깨지 않으려 조용히 뒤쪽 귀퉁이에 서 있었다. 리더로 보이는 분이 참관을 허락하는 눈짓을 보내며 자리를 마련해 주었다. 허수경 시인의 《빌어먹을, 차가운 심장》이란 책에 수록된 시들을 돌아가며 한 편씩 읽고, 자신만의 감상을 허심탄회하게 털어놓는 시간이었다. 꿈꾸었던 곳은 이곳이 아니었다는 탄식과 함께 통렬한 허무감을 토해내는 허수경 시인의 구절들이 내 심기를 건드렸다. 진지한 삶과 마주하는 그 분위기는, 사막에서 오아시스를 만난 듯, 목말랐던 내 삶에 정수처럼 스며든 순간이었다.

그 이후 나는 매주 서원을 찾았다. 매달 두 권의 시집을 읽고 토론하는 것은 물론, 어떤 프로그램이든 기꺼이 동참했다. 삶의 삐걱거림과 균열을 형상화한 시어를 통해 타인의 고통과 회한을 감지하는 시간은, 나의 상실을 들여다보는 시간이기도 했다. 거친 파고를 견디며 끈질기게 삶을 이어가는 상처 입은 존재들은, 슬픔 역시 감당해야 할 몫임을 조용히 말하는 듯했다. 시를 필사하며 의미를 찾아가는 과정은 숨은그림찾기처럼 분주했지만, 감상을 나누는 시간에는 진솔한 대화가 오가서 훈훈했다. 그 시간은 덮어두었던 내면이 스스로 문을 열고 나오는 순간이었다.

시인의 감성이 내 마음에 스며들었다. 자신을 탐색하던 시간을 지나 체념 속에 밀어두었던 꿈에 대한 그리움이 다시 살아났다. 아닌 척 꽁꽁 숨겨두었던 지하 저장고의 내밀한 목소리가 서서히 고개를 들더니, 마침내 밖으로 삐져나왔다. 시는, 끝내 말하지 못했던 진의를 털어놓게 했다.

소통의 시간은 타인의 진실에 나의 감정이 손을 내미는 순간이었다. 시뿐만 아니라 단테의 《신곡》, 괴테의 《파우스트》, 호메로스의 《일리아드》와 《오디세이》 등 기타 묵직한 고전들도 관련 교수님과 함께 공부할 수 있었다 피상적으로 읽었던 고전들을, 대학원 강의처럼 깊이 있는 토론을 통해 다시 만났고, 문우들 덕분에 학습 시너지는 배가 되었다. 난해한 문장에서 의미의 진수가 드러나기 시작하면, 새로운 인식이 펼쳐지는 경이로운 순간이 찾아왔다. 모든 과정이 사유의 확장이었고, 미숙했던 시간의 결을 다듬었다.
　치열하게 책을 읽던 문우들은 나를 각성시키는 매개체였다. 평소에도 습관처럼 늘 책을 읽던 나였지만, 그렇게 사활을 걸고 몰입하진 않았다. 책을 읽다 연관된 주제가 나오면 관련 서적마다 구매해서 정보를 공유하는 이들이었다. 지식의 층을 쌓아 올리는 희열로 책에 매달리는 그들은, 나름의 인생 후반기를 전력을 다해 준비하고 있었다. 누구에게 과시하거나 보여주기 위한 방편이 아니라, 배움의 열정이 시간을 가로지르며 그들의 삶을 주도하고 있었다.
　그 당시 나는 행복하다는 말을 달고 살았다. 한 번도 가져본 적 없는 온전한 자유는 특별했다. 부모님과 시어머니의 장례식을 연이어 치르며 삶에서 점차 초연해졌고, 자식의 독립은 안달복달하던 일상으로부터의 해방이었다. 주말 부부로 남편과도 떨어져 살면서, 나는 그야말로 혼자가 되었다. 미진한 갈망마저 멀어지며 모든 것이 나로부터 떠나갔지만, 무궁무진한 책과 시간이 선물처럼 다가왔다. 나는 비로소 엄마도, 아내도, 며느리나 딸도 아닌, 있는 그대로의 나로 돌아왔다.
　나이 듦은 문학의 깊이를 이해하게 되는 배경이었다. 두드러진 결실은 없었지만, 지나간 시간은 결코 공백이 아니었다. 겹겹이 쌓인 인고의 흔적이 작가의 내면에서 고전으로 탄생하듯, 나의 독해력도 세월의 굴곡 속에 깊어졌다. 20대에 읽었던 고전과 50대에 읽는 고전은 이해도가 달랐다. 예전엔 간과했던 대가의 문장에서 이제는 통렬한 성찰을 포착했다. 영문학을 전공했지만, 영어라는 실용성에 이끌려 영어 교육만을 택했던 삶이었다. 비로소 영문학의 정수에 이끌렸다. 셰익스피어, 버지니아 울프, 제인 오스틴, 제임스 조이스 등 그들의 깊은 내면이 스며들며 그제야 나는 서서히 깨어나고 있었다.

 타인의 욕망 뒤에 감춰진, 나의 욕망의 실체를 들여다보았다. 프랑스의 정신 분석학자이자 철학자인 자크 라캉을 접하며, 모호했던 감정의 실마리를 조금씩 찾아갔다. 자크 라캉이론으로 심리학 박사 학위를 받은 문우와 함께 저서를 강독하며, 질의응답을 통해 인간 욕망의 본질을 탐구했다. 엄마라는 테두리에서, 아내로서, 장손의 외며느리로서 자신의 것을 내려놓고, 가족의 욕망을 지지하며 살아온 삶이, 왜 사막 한가운데 버려진 것처럼 공허했는지 그 이유를 알 수 있었다. 나의 진짜 욕망이 어떻게 왜곡되고 오역되어 왔는지 파헤치는 시간이었다.

 읽기만 하고 쓰지 않는다면 아무 소용이 없다는 반성이 절실히 밀려왔다. 문우 중 한 사람이 내게 말했다. 함께 책을 읽으면 남들이 놓치는 부분을 포착해서 재미있는데, 여태껏 왜 글을 쓰지 않았느냐고. 주변의 문우들을 보니, 저마다 자기 영역을 어느 정도 다듬어 글쓰기에 틀을 잡고 있었다. 나는 여태 다른 곳만 바라보며, 이 분야가 내 영역이라고는 생각조차 하지 않았는데, 불현듯, 그냥 글이 쓰고 싶어졌다.

 나는 카프카의 〈굴〉 속의 두더지처럼, 혼자 굴을 파 내려가기 시작했다. 혼자 읽고, 쓰며, 나만의 영역에 내실을 다져갔다. 스스로 창조하는 고유한 세계가 누구의 방해도 없이 존립할 때, 비로소 자아가 성장할 수 있을 것 같아 고립을 자초했다. 어긋나던 일상을 포착해 그 상황을 들여다보고 객관화하자 나는 그 문제에서 벗어날 수 있었고, 무미건조하게만 느껴졌던 일상을 형상화하자 모든 순간이 의미를 띠며 반짝이기 시작했다.

책을 읽고 글을 쓰는 과정은, 자기 성찰을 통해 타인을 이해하며 다가서는 여정이었다. 버지니아 울프의 《댈러웨이 부인》처럼 사회적 시선으로 보면 그저 그런 평범한 존재에 지나지 않지만, 문학적 시선으로 바라보면 자신만의 삶을 오롯이 살아내는 특별한 존재였다. 오히려 미련과 회한이 뒤섞인 미진한 삶이기에, 타인의 공감을 이끌어낼 수 있는 고유한 존재라고 스스로 위안했다.

모든 것이 떠나가던 그때, 나는 눈사람처럼 서서히 녹아내리고 있었다. 이름이 불리던 순간은 사라지고, 사물처럼 무감각하게 덩그러니 놓인 채 존재감마저 흘러내리듯 했다. 현실에서 밀려난 나의 시간이 누군가에 의해 대체되는 상황은 먹먹하기만 했다. 나는 점점 희미해져 공기처럼 투명해지고 있었다. 마치 세상에서 사라지는 사람처럼.

떠남이 있으면 그 빈자리를 채우는 무언가가 찾아온다. 헛헛하던 시간은 소박한 기쁨으로 채워지기 시작했다. 이제 나는 소소한 일상에서 눈에 보이지 않고 말로 다 표현할 수 없는 어떤 것을 찾아 현상을 가로지른다. 자연의 속삭임과 스치는 풍경 속 작은 일렁임에 마음이 머물며, 새로운 궤도를 그리는 몰입의 시간이 내 삶을 풍요롭게 하는 일상이 되어간다.

껍데기 같은 타이틀의 허상에 연연하지 않아도, 탁월함을 내세우지 않아도, 내가 지닌 특별함으로 타인과 공감하며 살아가는 것이 행복임을 안다. 모든 것을 있는 그대로 수용하며 사랑하는 삶은, 그리 어렵지 않을지도 모른다. 나는 다시 써 내려간다. 떠나갈 때 다가오는 것들에 대하여.

비자발적으로 의도치 않게

 문어는 변장술의 달인이다. 부화하는 순간부터 본능적으로 몸을 숨기며, 살아남기 위한 첫걸음을 내디딘다. 위기의 순간, 문어는 방어의 춤을 추듯 자유자재로 형태를 바꾸며 죽음의 경계를 가볍게 넘나든다. 목숨앗이의 낌새를 감지하는 즉시, 다시마 조각을 망토처럼 둘러쓰고 바람처럼 사라진다. 때로는 조개껍데기를 머리에 이고, 바위처럼 몸을 감춘다. 문어는 뛰어난 임기응변으로 위기를 유연하게 넘긴다.
 순발력을 지닌 문어도 예기치 못한 공격 앞에서 무력해진다. 매 순간 민첩한 기지로 생존을 이어가는 문어일지라도, 때로는 포식자의 은밀한 틈새 공격에 다리를 순식간에 잃고 만다. 그 순간, 문어는 된불 맞은 송장처럼 꼼짝하지 않은 채, 바위틈에 몸을 숨긴다. 천적이 사라졌다 싶으면, 비릿한 바닷속을 나릿나릿 비틀거리며 이동한다. 바다 깊숙한 구석, 바위틈에 축 늘어진 몸을 욱여넣고는 두문불출한다.
 상처 입은 문어처럼 자신을 가두고 숨는 이들이 날로 늘어난다. 방 안에 몸을 숨긴 채, 비자발적으로 외부와의 관계를 차단한다. 공포와 불안에 짓눌린 그들은 돌연 세상과 단절된다. 가파른 낭떠러지 끝에 매달린 듯, 오도 가도 못한 채 꼼짝없이 버틴다. 간신히 발끝만 절벽에 걸친 사람처럼, 가족과의 대화마저 끊고 위태로운 하루를 버텨낸다. 언제쯤 평범한 일상으로 나아갈 출구가 열릴까?

 청년들이 사라지고 있다. 스무 명 중 한 명은 자신의 울타리 안에서 시간이 멈추고 있다. 고립과 은둔에 내몰린 마음의 상처가 세상과의 단절을 초래한다. 본인조차 납득하지 못한 채, 세상에 내디디던 발걸음을 멈추고 만다. 실타래처럼 얽힌 삶을 무작정 따라가기가 내키지 않는 것일까. 자다가 가위에 눌린 듯한 공포 속에서 몸은 의지를 거부한다. 시간을 확인하고 이불을 걷어차며 서둘러야 한다는 강박감에 몸을 움직여 보지만, 마음은 좀처럼 따라주지 않는다. 온당치 못한 현실에 무기력하게 굳어버린 자신이 낯선 타인처럼 느껴진다. 방 안에 틀어박힌 데는 궁색하지만 나름의 이유가 있다며, 의도치 않게 세상과 맞서고 있는 중이다.
 가족 누군가의 발소리나 문고리 잡는 소리에도 그들의 가슴은 철렁 내려앉는다. 창문에 커튼을 내리고, 낮인지 밤인지도 모른 채 무연하게 시간을 흘려보낸다. 풀치지 못하는 상념의 무게가 허우적대는 그들을 바닥으로 주저앉힌다. 어깨를 축 늘어뜨리고 턱을 가슴에 파묻은 채, 타인의 시선에 짓눌려 조용히 바스러진다. 학대받은 고양이처럼 방구석에 웅크린 채, 누군가 다가오면 공격할 듯 예민하게 곤두선다. 가족의 재촉하는 고함과 애원 섞인 울음소리가 방 안에서도 윙윙거린다.

　무난하던 일상은 거북이 등껍질의 무늬처럼 갈라져 조각나기 시작한다. 자유롭게 만끽했던 햇살 같은 삶의 아우성이 자취를 감추고, 평범한 시간은 자신과 무관한 타인의 영역이 되어버린다. 별일 없이 흘러가던 나날은 갑작스러운 교통 체증에 갇힌 듯 멈춰 서고, 도로 한복판에서 억류된 채 발만 동동 구르는 것 같다. 평범한 노선에서 이탈한 삶은 우주선 밖으로 내몰린 사람처럼, 의도치 않게 그들을 허공 속에 허우적거리게 한다.

　가족은 불안하다. 지금껏 겪어보지 못한 낯선 현실 앞에서 불안은 산처럼 쌓여간다. 하루 종일 방 안에서 인기척이 없으면 문을 두드릴 수밖에 없다. 한집에 살면서 얼굴을 마주하기 어렵다. 간혹 들려오는 컴퓨터 키보드 소리에 그나마 마음을 놓는다. 틱틱거리는 키보드 소리가 그들의 숨소리처럼 느껴진다.

　가족은 닦달하다 지쳐, 애원의 목소리로 통사정한다. 그럴 때마다 방안에서는 거친 저항의 목소리만 들려온다. 잘 차려진 식탁에서 유리컵 하나가 떨어져 산산조각 난 상황처럼, 일상은 아수라장이 되어버린다. 파편을 주워 담는 손길이 분주하지만, 연이어 떨어지는 유리컵으로 소란은 증폭되고, 좀처럼 아물지 않는다.

　그제야 가족은, 부동의 존재가 타협의 경계선을 넘어 요집함을 알아챈다. 벼랑 끝에서 끄나풀을 잡듯, 해결책마다 손을 내밀지만 번번이 헛수고다. 방 안에 갇힌 사연에 서로가 일조한 듯 가족은 스스로 자책한다. 어느 순간부터 가족은 침묵으로 일관하며 평상시처럼 현실에 순응하기 시작한다. 날 선 감정이 오가던 자극적인 대화마저 그리워질 만큼, 집 안 가득 번지는 침묵은 가족을 질식시킨다.

한 사람의 이탈은 가족 관계를 붕괴시키고, 평온했던 일상을 해체한다. 고립하는 자뿐만 아니라 가족도 점차 사회적 테두리에서 밀려나 소외된다. 마치 집 안에 외계인이 살고 있는 것처럼, 열리지 않는 방 안의 존재는 가족만이 공유하는 비밀로 감춰진다. 가족은 비밀결사대처럼 이심전심으로 무언의 공모를 나누며, 비자발적으로 의도치 않게 가면을 쓴 채 살아간다.

사람은 부당한 삶 앞에서 의도치 않게 무기력해진다. 대체로 선하고 공정한 삶을 지향하며 올바른 윤리를 고수하며 살아가고자 노력하지만, 뜻밖에 불행이 닥치면 일순간 개인의 삶은 순식간에 나락으로 떨어지기도 한다. 연쇄적으로 불운이 잇따르다 보면 회복 불가능한 상태에 이르기도 한다.

대응 방식은 다양하다. 위기에 빠진 문어처럼 유연하게 모면하는 사람이 있는가 하면, 모든 시도를 차단해 버리는 사람도 있다. 비이성적으로 자신을 포기하고 자기 삶에 브레이크를 거는 청년들이 늘어나 부모의 애간장을 녹인다. 방에 갇힌 그들은 어른이 아닌, 성인이 되고 만다. 요즘에는 이러한 '성인'도 증가하는 추세여서 사회적 문제로 대두되고 있다. 소통 부재와 고립으로 인한 불만을 표출하는 이들은 세상과 불협화음을 빚기도 한다.

　은둔하는 요인을 살펴본다. 그들은 지금껏 부모의 통제 아래 지시된 삶만 살아왔기에, 스스로 터득하고 주도하는 삶의 경험이 부족해 대처하지 못하는 걸까? 아니면 자신의 고통을 방관한 가족이 더 이상 버팀목이 되지 못해 주변 사람을 배제하는 것일까? 주체성을 잃은 삶에 무기력하게 무너졌을 수도 있고, 타인의 배려 부재로 소외감에서 빠져나오지 못했을 수도 있으며, 불행과 좌절이 우울증을 키워 겹겹이 보호막을 쌓았을 수도 있다. 개인마다 상처의 양상은 다양해서 이론적으로 단정하기에는 무리가 있다.

　그들의 상처 입은 마음을 들여다본다. 정이 오가는 사소한 일상은 간과되고, 과녁을 맞히는 기술만을 강조하는 현실 앞에서 어두운 그림자만 길어져 더 이상 버티기 힘들었을 것이다. 얼어붙은 마음을 녹이는 봄날의 햇살처럼, 갈라진 마음의 틈을 메우는 치유의 손길을 기다릴 거라고 헤아린다.

　문어의 복원력은 놀라울 정도로 뛰어나다. 천적의 추격으로 다리가 잘린 문어는 굴속에서 칩거하며 재생의 시간을 견딘다. 몸 안에 있는 세포들이 자동으로 분열하여 새로운 다리를 생성하고, 잘린 부위의 상처가 치유되어 완벽한 다리로 자라면 예전처럼 바깥 활동을 시작한다. 반복되는 적의 공격에 한 수 높은 방어로 위기에 절묘하게 대응하며 오히려 당당해진다.

인생에는 마음의 쉼표를 찍는 시간이 필요하다. 비자발적으로 의도치 않게 세상과 단절되는 이유도 각각의 구실이나 이유가 있다고 가늠한다. 이전에 나와 미래의 나를 가르는 전환점과 같은 정거장이 그들 앞에 놓여 있다고 여기며, 대범하게 넘길 수 있는 배짱도 필요하다고 본다. 남의 속도에 휘말리지 않고 자신의 시간이 다르게 흐른다는 사실을 받아들인다면 한결 마음이 가벼워지지 않을까? 긴 인생 살면서 잠시 쉬어가는 것은 대수롭지 않다고 느긋하게 위로해 본다.

　사람은 누구나 특별하고 개별적이다. 골과 솟은 마루가 반복되듯 인생도 그러하다. 웅크리고 있던 시간도 응축된 기운에 이끌려 저절로 펼쳐지는 때가 오는 것이 자연의 이치다. 쏟아지는 햇살에 얼어붙은 마음이 녹고, 불어오는 바람에 마음의 응어리가 날아가는 날이 오면, 새로운 내가 그곳에서 기다릴 것이라고, 그들의 등을 어루만진다. 다시 시작되는 인생은 접힌 시간의 복원력으로 껍데기를 벗은 나비처럼 훨훨 날아가기를 기대하며, 그들에게 손을 내민다.

폐허 속 비상

　마주한 풍경이 깊은 울림을 준다. 단지 너무 아름답거나 세련되어서가 아니라, 역사적 웅장함과 낯선 경이로움에서 비롯된 감정이다. 눈앞에 펼쳐진 이미지와는 달리, 전혀 다른 깊이를 내포한다. 반전의 미는 뜻밖이라서 선겁다.
　직관은 이성보다 빠르다. 굴곡진 시간을 거쳐온 장소나 건물에 서면, 공간을 감싸는 울림이 온몸을 휘감는다. 무언지 모를 감동에 이끌려 잠시 그 기운을 감지하며 벅차오르는 감정에 자신을 내맡긴다. 판단이나 배경도 없이 그저 응시한다.
　동유럽을 여행했던 12월이었다. 저녁 무렵, 독일의 드레스덴에 도착했다. 바로크 양식의 걸작이라 불리는 츠빙거 궁전이 있는 포스트 광장에 들어서자, 짙푸른 박명의 빛이 가로등의 불빛과 어우러져 몽환적 분위기를 자아냈다. 18세기 중반 드레스덴의 풍요로운 예술과 문화가 깃든 츠빙거 궁전은, 어렴풋한 실루엣만으로도 웅장함을 드러내며 우뚝 서 있었다. 마침 과거의 그림자처럼 까만 무리의 새들이 궁전을 가로질러 날아갔다. 교차편집처럼 시간은 거꾸로 흐르며 과거의 폐허로 이끌었고, 낯선 시대의 공간이 눈앞에 아련히 떠올랐다.

애상미로 다가선 그곳은 제2차 세계 대전의 폭격으로 잔해만 뒹구는 황량한 도시였다. 곳곳의 건물은 시커멓게 그을렸고, 총탄과 폭격의 흔적으로 군데군데 구멍이 뚫려 있었다. 1945년 2월 13일, 연합군 폭격기 1,000여 대가 약 4,000톤의 폭탄을 투하해 도시의 90%가 파괴었고, 2만 5천 명 이상이 목숨을 잃었다. 드레스덴은 폐허 속에서 다시 일어난, 복원된 도시였다.

복원된 건물들은 그슬린 벽돌로 폭격의 흔적을 아로새기며, 경건한 아름다움을 지니고 있다. 과거의 폐허와는 대조적으로, 크리스마스 마켓은 오색찬란한 풍경으로 물들어 한층 더 풍요로웠다. 앙증맞은 크리스마스 장식과 조명으로 꾸며진 간이 트럭들이 사람들의 발길을 이끌며, 연말 특유의 환상적인 분위기를 자아냈다. 숱한 세월을 거쳐 쓰라린 폐허가 조화로운 일상으로 회복되기까지, 얼마나 많은 손길이 그곳을 쓰다듬고 다독였을까. 정성 어린 노력으로 문화유산이 복원하고 도시가 재정비되어 지금의 고풍스러운 도시로 탈바꿈되었지만, 아픔과 고통의 흔적은 여전히 곳곳에 남아 있다.

대재난이나 폐허 속에서 다시 일어서는 힘은 어디에서 비롯되는 것일까? 2022년 2월 24일, 러시아의 우크라이나 침공, 2023년 10월 7일, 팔레스타인 무장 정파 하마스의 이스라엘 기습 공격으로 참혹한 전쟁이 발발했다. 지구촌 곳곳에서는 전쟁, 지진, 토네이도, 화재, 폭우 등으로 하루아침에 삶의 터전을 잃는 대참사가 끊임없이 이어진다. 울부짖으며 고통을 호소하는 이들의 모습을 매스컴을 통해 접할 때면, 그들이 예전의 일상으로 돌아가는 것이 불가능해 보인다. 시간이 흘러 그들의 삶을 다시 들여다보면, 마치 기적처럼 제자리를 찾아가는 모습에 숙연해진다.

무너진 도시가 복원되기 위해 가장 중요한 요소는 평화와 화해의 손길이다. 드레스덴 재건 과정에서도, 과거 전쟁에 참여했던 연합군들이 책임 의식을 갖고 복구에 동참했다. 드레스덴 폭격 당시 영국 공군 조종사의 아들은 아버지의 뜻을 이어 자신의 재산을 기부했고, 재건된 프라우엔 교회 지붕 위 황금 십자가는 그가 직접 제작했다. 잃어버린 유산을 복원하는 일은 드레스덴 시민들의 생생한 증언과 현장 사진, 그리고 과거 적대 관계에 있었던 이들의 손길이 더해져 비로소 가능했다.

러시아의 침공으로 고통받는 우크라이나 난민들의 시련은 여전히 계속되고 있다. 그럼에도, 미사일이 쏟아진 학교 지하실에서 아이들은 그림을 그리고, 시를 쓰며, 책을 읽는다. 붕괴된 세계 속에서도 아이들은 천진난만하게 예술의 세계에 몰입해 현실의 두려움을 이겨낸다. 생사의 경계가 아슬아슬한 아수라장에서도, 아이들은 타고난 호기심으로 또 다른 세계로 빠져든다.

비참한 전쟁의 폐허에서 벗어나는 힘은 아이들의 굳건한 상상과 비상에서 비롯된다. 예술의 힘으로 척박한 현실을 견뎌내는 아이들의 모습에서 우리는 더 나은 미래를 기대하게 된다.

미국의 작가이자 비평가인 레베카 솔닛은 《이 폐허를 응시하라》란 책에서, 대재난 속에 피어나는 공동체에 대해 다음과 같이 서술한다.

"재난은 그 자체로는 끔찍하지만, 때로는 천국으로 들어가는 뒷문이 될 수 있다. 적어도 우리가 되고 싶은 사람이 되고, 우리가 소망하는 일을 하며, 형제, 자매를 보살피는 사람이 되는 천국 말이다."

그녀는 이 문장을 통해 고통에 처한 사람들을 위로하며, 재난이나 시련 속에서 인간은 최악의 행동을 억제하고 최선을 선택함으로써 감정과 능력을 최대치로 끌어낼 수 있다고 설명했다. 재난은 비록 혼란을 초래하지만, 때로는 이전보다 더 큰 결속력과 숨어 있던 잠재력을 끌어내어 더 나은 사회로 나아가는 계기가 된다는 점에서 경이롭다.

폐허가 된 삶은 다양한 양상을 내포한다. 전쟁이나 자연재해 같은 대참사, 경제적 파산으로 하루아침에 모든 자산을 잃는 일, 사랑하는 가족의 죽음으로 겪는 상실감 역시 폐허의 삶이다. 윤리의식의 부재로 인권이 유린되는 삶, 그리고 다양한 슬럼프에서 벗어나지 못하는 삶 또한 마찬가지다.

활활 타오르는 핏빛 화염 속에서, 불사조는 시커멓게 그을린 재로 소진된 후 더 높이 비상하는 존재로 부활한다. 선홍빛 불꽃이 온몸을 휘감아 고통에 몸부림치는 날갯짓은 마치 천형의 고통을 감내하는 듯하다. 그들은 각자가 처한 나락에서 벗어나기 위해 불에 타는 듯한 화열의 고통을 감내하며, 수없이 떨어지는 과정을 반복하고, 처절한 신음을 토해낸다. 절벽에 부딪히며 낙하를 거듭하는 동안 생채기가 나고 진물이 흐르지만, 상처는 점차 아물어 간다. 마침내 암흑 속에서 한 줄기 광명의 빛을 발견하면, 그제야 끄나풀을 움켜쥐듯 그것을 붙잡고 다시 비상을 시작한다.

상처는 도약을 위한 근원이 된다. 결국 폐허 속에서의 비상에는 누군가의 도움이 있었음을 간과해서는 안 된다. 타인과의 연대는 생존을 위한 삶의 필수 요소이다. 힘찬 도약의 순간, 누군가의 원조와 인도가 더해질 때, 폐허 속에서도 비상의 신호가 울리며 전환점을 맞이할 수 있다. 고통의 시간은 각고의 자기 노력과 타자의 긴밀한 관계를 통해 혁신으로 이어진다.

키치

 기이하고 야릇하지만 중독성 있는 소리가 감각을 깨운다. 국악 전통 장단에 재즈의 즉흥성이 더해져 유연하게 그루브를 타는 음색이다. 구성진 민요가락에 더해진 독특한 차림새는 눈과 귀를 활짝 열게 만든다. 전통과 현대, 동양과 서양의 경계를 허무는 국악 재즈 가락이 흥취를 자아낸다.
 연주자의 스타일도 독특하다. 짙은 화장과 선정적인 실루엣으로 화려함을 강조한 글램룩(glam look)이다. 빨간색 하이힐에 황금색 쫄바지를 입은 펑키한 헤어스타일의 한 남자가 멋들어지게 민요를 부른다. 하얀 단발머리에 검은 원피스를 입은 또 다른 남자는 짙은 마스카라를 달고 추임새를 툭툭 던지며 도발적인 미소를 짓는다. 여성의 영역으로 여겨지던 경기민요를 남성 소리꾼이 부르며, 양성애적 이미지로 대중의 시선을 사로잡는다.
 이들은 국악계의 이단아로 불리는 이희문이 포함된 '씽씽 밴드'다. 미국 공영방송 NPR에 아시아 최초로 출연해 폭발적인 호평과 엄청난 조회수를 기록했다. 파격적인 소리꾼들은 국악의 참맛을 전 세계로 전파하며 많은 이들을 매료시켰다. 현재는 해체되었지만, 다양한 프로젝트를 통해 활동을 이어가고 있다. 그들의 무대 퍼포먼스와 음악적 시도는 매번 힙하게 연출된다.

가요계도 예외는 아니다. '강남스타일'을 부르며 말춤을 선보인 싸이는 선풍적인 사건이자 충격이었다. 다소 우스꽝스러운 몸짓으로 말춤을 추는 그는 특이하다 못해 유별났지만, 이상하게도 노래는 입에서 맴돌았다. 그는 옆집 삼촌처럼 친근하고 코믹한 이미지로 다가와, 따라 부르다 보면 저절로 신이 나 춤까지 추게 만들었다. 놀고 싶고, 멋진 남자나 아름다운 여자를 만나고 싶고, 내일이 없는 것처럼 오늘을 즐기자는 가사는 유치하지만, 오히려 솔직해서 공감대를 형성했다. B급 가요라 폄하할 수도 있지만, 싸이는 이 노래 하나로 명성을 얻었다.

감정 표현을 앞세운 상업 예술을 '키치'라 한다. 키치(kitsch)는 원래 성공한 것을 모방하는 값싸고 저급한 예술을 뜻하는 독일어로, 19세기 중엽에 생겨났다. 오늘날에는 대중의 감각에 맞춘 과장되고 감성적인 스타일을 의미한다. '키치'는 힙하고 개성이 넘치며, 러블리하면서도 과감한 스타일을 가리킨다. 20대는 패션, 헤어, 메이크업 등 전반에 걸쳐 자신의 매력과 개성을 드러내는 키치 스타일과 상품을 선호한다. 새로운 개념의 키치는 감각적이고 독특하며, 사회적, 문화적 현상으로 자리 잡아 대중문화에 깊이 스며들고 있다.

밀란 쿤데라는《참을 수 없는 존재의 가벼움》에서 키치를 다양하게 변주한다. 그는 키치를 '똥'에 비유하며, 추하고 수치스러운 것이지만 본질적으로 받아들여야 하는 것이라고 말한다. 키치는 저쪽 편에 배제된 것이 아니라 어디에나 침투할 수 있다고도 한다. 즉, 현실을 있는 그대로 받아들이지 않고 의미를 덧붙여 포장하는 태도를 경계한다. 키치는 인간의 기억 속에 뿌리내린 핵심 이미지를 배척하며, 고정된 이미지를 경시한다.

예를 들어, 큰 딸도 가족보다 자신의 이기적 목표를 우선시할 수 있고, 아버지가 가족을 부양하지 않고 폭력적이라면 가족들로부터 소외될 수 있으며, 누구나 첫사랑을 아련하게 그리워하지 않는다고 반박한다.

밀란 쿤데라는 여러 사조의 공존이 필요하다고 강조한다. 개별성을 존중해야만 개인의 독창성이 보호되고, 예기치 않은 예술 작품이 창조될 수 있기 때문이다. 그는 '무엇은 무엇이다'라고 정의하며 규제하는 키치는 불편한 진실을 외면하는 행위라고 분석했다. 이는 세상의 복잡성, 모순, 애매함을 단정적 언어로 단순화할 수 없음을 의미한다.

노벨문학상 수상작은 이미 기존 소설의 형식을 탈피하고 있다. 2023년도 노벨문학상을 받은 욘 포세의 소설,《아침 그리고 저녁》은 형식과 문체가 매우 자유롭다. 마침표 없이 이어지는 문장의 연속, 동일어의 반복, 대화 사이의 침묵 등 실험적인 산문이 전개된다. 이 소설에서 중요한 요소는 '사이와 침묵'이다. 내용은 단순하지만 철학적 의미는 명확하다. 사람이 살고 죽는 원형의 삶을 응축해 보여주는 이 작품은 너무 단순해 '이게 다인가?' 하는 생각이 들게 하지만, 작가의 메시지는 삶을 관통하며 냉철한 질문을 던진다.

소리꾼, 이희문은 경기민요 전수자로서 파격의 아이콘으로 등장했다. 남자 소리꾼의 한계를 넘어서기 위해 과장된 여성 치장을 시도했다. 전통 민요에 록, 디스크, 레게를 접목시켜 한국적이면서도 낯선 음악을 선보이며 대중의 관심을 끌었다. 현대 음악과 모호하게 어우러진 전통 가락은 신선하면서도 구성지고 애달파, 한 맺힌 설움이 각자의 가슴을 저미게 한다. 고정관념을 깨는 도발적인 국악은 국악의 진수를 짜릿하게 선사한다.

국악뿐만 아니라 패션과 예술 등 다양한 영역에서도, 각기 다른 방식의 고유한 감각을 보여준다. 이들은 틀린 것이 아니라 단지 서로 다른 표현 방식일 뿐이다. 정통성을 바탕으로 한 고급 취향의 전통 예술과, B급 감성을 당당히 드러낸 독창적인 모조품 예술이 신나는 줄다리기를 벌이며 공존한다. 서로 비교할 수 없는 영역에서 저마다의 욕망을 자유롭게 누리고 있을 뿐이다.

키치는 일상 깊숙이 자리 잡아 우월한 존재감을 발휘한다. 디지털 시대의 무한한 합성 능력으로 상상하는 모든 것이 재탄생하며 새로운 해석을 주도하는 세상에 살고 있다. 문화를 선도하고 그

정당성을 인정받을 수 있다면, 그것이 곧 문화이자 예술이며 삶일 것이다. 때로는 진지한 가치보다 재미와 감각이 무뎌진 몸을 부드럽게 깨워 활기차게 살아가게 만든다.

스노비즘

"제임스 조이스의 책은 조울증의 세계야."

누군가의 말이 마음을 불편하게 했다. 어느 유명한 교수의 강의에서 들었다며, 마치 모든 것을 대변하듯 자신 있게 모더니즘 소설의 대가인 작가를 오판했다. 세심히 읽지도 않고, 잘 아는 체하며 조각난 파편의 지식을 툭 던졌다. 알맹이가 없는 발언이었다.

책 읽기 모임에서 한 책을 추천했다. 12월에는 제임스 조이스의 《피네간의 경야》를 읽자고 했다. 연말에 이 정도는 읽어야 한 해를 보내는 의미가 있을 거라고 말했다. 나는 별다른 이의를 제기하지 않고, 당위성이 있을 거라는 생각에 온라인 주문을 했다. 배송된 책은 벽돌보다 두꺼웠다. 몇 페이지를 읽다 말고 책을 덮고 말았다. 주석만 600페이지에 달했고, 이해할 수 없는 수수께끼 같은 문장의 나열과 무의식의 생각이 현실과 뒤섞였다. 페이지만 손으로 넘길 뿐, 내용은 도통 이해할 수 없었다. 추천한 문우도 곧 섣부른 선택이었다고 실토하며 양해를 구했다.

《피네간의 경야》는 전위 예술적이고 실험적인 소설이다. 누구나 이해할 수 있는 책은 아니다. 무의식의 흐름 기법으로 언어를 왜곡하며 서술하고 있다. 웬만한 경지에 이른 전문가조차 혼자 읽어내기 어렵고, 읽었다고 뿌듯해하기에는 지나치게 난해하다. 어설프게 다가서서 겉치레만 내세우는 것은 지적 허영이 아니고 무엇인가? 무모한 책에 도전하는 일이 그릇되진 않지만, 과시하고 싶은 마음도 간과할 수는 없다.

  나는 제임스 조이스의 소설을 좋아한다. 《젊은 예술가의 초상》, 《더블린 사람들》에 나오는 단편들을 즐겨 읽으며, 《율리시스》는 도전해 보았지만 여전히 헤매고 있어서 도전 목록에만 올려두고 있다. 왠지 이 책들을 정독하면 등장인물의 특정 사건에서 현저한 깨달음(epiphany)을 얻을 수 있을 거라는 기대를 하게 된다. 20세기 최고의 문학가로 평가되는 작가를 어설프게 읽고 성급히 진단하는 평가가 섣부르게 느껴진다. 책장을 넘기며 사유하는 행위로 한층 높이 올라선다고 믿는 우월감이 얕은 물 위에 띄운 배처럼 불안하다. 문학의 의미와 언어의 진정성에 대해 곰곰이 생각해 본다.

  스노비즘(snobbism)은 지식을 수단 삼아 자신을 치장하는 허영의 또 다른 얼굴이다. 속물적이거나 고상한 척하는 우월 의식을 내포하며, 어떤 대상의 본질에는 관심도 없이 남에게 과시하기 위해 껍데기만 빌려오는 성향을 일컫는 문화사회학 용어이다. 자기 PR 시대가 도래하면서 이러한 현상은 더욱 만연해지고 있다.

  오페라는 음악적 유희를 즐기는 우월한 취향으로 여겨진다. 오페라를 보러 갈 때, 이를 주변에 자랑하듯 이야기하는 경우가 있다. 아리아에 심취해 음악을 즐기면서도, 오페라를 향유하는 자부심도 또한 작용한다. 오페라 표는 영화에 비해서 비싸고, 공연장은 화려해 누구나 쉽게 누리지 못하는 장르라는 점에서, 은밀한 우월감과 쾌감이 그 속에 깔려 있다.

공연이 끝난 후, 관객의 반응은 엇갈린다. 음악적 감성을 깊이 새겨둔 사람은 팍팍한 삶 속에서도 유연한 삶을 회복할 수 있다. 감미롭게 형성된 음악적 정서가 현실의 난관을 세심하게 어루만지며, 삶을 우회하는 과정을 즐기게 한다. 반면, 오페라의 겉모습만 소비하고 왔다면 남는 것은 그저 스쳐 지나간 발걸음뿐이다.

'텍스트 힙'이라는 신조어가 생겼다. 글자를 뜻하는 Text와 멋있다는 의미의 Hip이 결합된 말로, 책을 읽는 행위 자체를 멋스럽게 여기는 표현이다. 디지털 시대에 자란 Z세대는 종이책을 읽는 경험을 새롭게 느끼며, 독서를 하나의 트렌드처럼 즐긴다. SNS 인증샷을 통해 읽은 책을 자랑처럼 드러내기도 한다. 아이돌 스타가 추천한 고전은 판매량이 8배나 늘었다는 기사도 있다. 책 읽기가 하나의 문화 현상으로 떠오르는 가운데, 지적 허영도 책의 보편화라는 관점에서는 꼭 부정적으로만 볼 일은 아닌 듯하다.

상업화된 독서 모임도 생겨나고 있다. '수익 창출 목적의 독서 모임'이라는 문구를 내걸고, 젊은 층은 적지 않은 비용을 들여 참가하기도 한다. 일부 모임은 남녀 간 사교의 장으로 변질되거나, 인맥 쌓기를 위한 공간으로 기능하며 유희의 장소로 전락되기도 한다. 물론 잡담과 유희로만 시간을 보내지는 않겠지만, 책을 읽는 본래의 의미와 깊이를 흐리게 할 수 있다. 책을 깊이 읽고 통찰로 나아가는 과정은 결코 만만하지 않기 때문이다.

 문학은 다채로운 색깔로 물든 팔레트처럼 다양하다. 시대와 문화, 개인의 경험에 따라 그 의미는 끊임없이 변주되며, 각기 다른 시선과 목소리를 담고 있다. 감정과 사고를 담아내는 사람의 그릇에 따라 그 형상이 달라진다. 삶의 무수한 단면을 통해 드러나는 인간의 복잡함과 아름다움은 우리에게 위로와 희망을 건넨다. 일반성을 뚫고 나오는 개별성에 공감하며 우리는 보편성에 다다른다.

 배움은 소통의 과정이다. 광활한 지식의 바다에서 풍요로운 지식과 감성을 길어 올려, 우리의 삶이 반짝이며 윤기를 더해간다. 수동적으로 설명을 듣고 고개만 끄덕이는 데 그치지 말고, 자기 나름의 분석을 내놓고 의견을 나누는 데 주저함이 없어야, 비로소 엄격한 즐거움이 따라오지 않을까.

 삶의 품격은 내면의 깊이와 성찰에 있다. 타인의 칭찬과 인정에 지나치게 의존하기보다는, 자기 내면을 단단히 다져나갈 때 비로소 성숙의 길로 나아갈 수 있음을 되새긴다. 오랜 체험에서 얻은 지혜로 자신을 진솔하게 바라볼 때, 우리는 진정한 자아와 마주하고 혜안을 품게 된다. 더불어 타인을 향한 이해와 너그러움 또한 자연스레 따라온다.

분봉의 명분

 아침이면 일벌은 들판을 향해 쉼 없이 날아간다. 보송보송한 잔털로 덮인 노란색과 검은색 줄무늬 몸체는 촉각을 바짝 세운 채 꽃내음을 쫓는다. 긴 혀로 꽃의 꿀을 깊숙이 빨아들이며, 하루에도 수천 송이 꽃의 수술에서 암술로 꽃가루를 옮겨 열매를 맺게 한다. 꿀벌은 자연 생태계를 이어주는 소중한 매개체이다.

 때가 되면 벌들은 오래 머물던 둥지를 떠나 새로운 보금자리를 찾아 날아오른다. 먹이가 마르지 않고 병이 스며들지 않도록 스스로 흐름을 조율한다. 가용한 먹이가 풍족할 때 먼저 움직이는 벌들의 민첩함은 실로 인상적이다. 새로운 둥지를 향한 이동은 유기체처럼 작동하는 자연의 전략이자, 본능적 생존 방식이다. 분봉은 벌들이 오랜 세월에 걸쳐 터득한 탁월한 생존 지혜이다.

 우리의 삶도 생존을 위해 변화를 선택한다. 상호 경쟁과 끊임없는 비교가 지배하는 표준화된 삶에서 벗어나, 많은 이들이 포용의 울타리를 찾아 자신만의 공간을 만들고 새로운 공동체를 꾸려간다. 분열과 소멸의 시대, 이제는 생존을 위한 전략을 고민하고 해답을 모색해야 할 때다.

마침 인근을 배회하던 중 우연히 서울디지털포럼에 참여하게 되었다. 동대문디자인플라자에서는 동시통역을 통해 시대의 현안을 다루는 포럼이 열리고 있었다. 세계적 석학들이 모여, 한국의 인구 감소와 소멸 위기를 주제로 발표하고 토론하는 자리였다. 동대문운동장에서 복합문화공간으로 탈바꿈한 동대문디자인플라자는 새로운 트렌드를 엿볼 수 있는 장소라 서울에 갈 때 자주 들르는 장소이다. 누구나 참석할 수 있는 공개 포럼이라는 안내를 보고, 나는 가던 길을 멈추고 QR코드로 등록을 마쳤다. 이름표를 목에 걸고 배부된 책자를 손에 쥔 채, 강연장으로 향했다. 가끔 기회가 닿을 때면 이런 행사에 참여하곤 했기에 낯설지는 않았다.

시대의 흐름을 초근접에서 호흡할 수 있는 절호의 기회였다. 지방이 아니라 서울이었기에 가능한 행사였다. 서울에서 30여 년을 살다가 부산에 내려온 뒤, 가장 아쉬웠던 점은 문화의 한계였다. 예전엔 지하철만 타면 어디든 가서 다양한 문화 행사를 즐길 수 있었다. 이제는 KTX나 비행기를 타지 않으면 갈 수 없는 장소가 되어버렸다. 미리 신청하면 누구나 참여할 수 있는 수준 높은 인문학 강연이나 이름난 예술가의 전시회는 대부분 서울에서만 열렸다. 제2의 도시인 부산조차 지방의 한계를 넘지 못하고, 심지어 인구 감소로 소멸의 위기까지 맞고 있다.

부산은 종종 '노인과 바다의 도시'로 폄하되곤 한다. 산업 기반이 부족해 청년들은 타 도시로 떠나고, 출산율은 낮아져 인구 소멸 위험 지역으로 쇠락하고 있다. 내가 가끔 서울 나들이를 감행하는 이유 중 하나는, 변화하는 시대의 흐름을 감지하기 위해서다. 서울에는 분명 그들만의 우월한 문화가 파급되어 있어, 위축감을 느끼는 것은 어쩔 수 없다. 예전에는 무리 없이 누리던 문화 터전이었지만, 이제는 거리상의 문제로 벽이 되어 다가온다. 갈등이 일상화된 이 단절의 시대 속에서, 나는 지혜롭게 살아남는 방법을 찾고자 통역 이어폰에 귀를 기울였다.

포럼에서는 시대의 흐름상, 지방 분권이 최우선 전략이라고 제안했다. 자원과 기반을 조화롭게 분배하고, 세대 간 연결성과 지속성을 강화하며, 분산과 협력의 균형을 맞춘다면 새로운 대안이 될 수 있다는 내용이었다. 정치, 경제, 사회 등 다양한 분야에서 지방으로 이전이 현실적으로 쉽지 않다는 점이 문제로 지적되었다.

너도나도 서울행을 희망하는 이유는 명백하다. 모든 기반이 서울에 집중되어 있어서, 지방에서는 상대적인 박탈감을 느낄 수밖에 없다. 서울과 부산에서 거의 반반씩 살아온 경험에 비추어 보면, 지방 생활에도 나름의 이점은 있다. 조금은 천천히 흘러가는 사회적 분위기 속에서 비교적 여유로운 삶을 누릴 수 있기 때문이다. 매사에 다그치며 경쟁하는 치열한 서울과 달리, 지방에는 상대적으로 자유분방한 기운이 남아 있어 시간의 흐름을 느리게 체감하게 만든다.

큰아들은 광양의 대기업에서 근무하며 직장 생활 5년 차에 접어들었다. 입사 초기에는 주거지 지원을 받아 생활비 부담이 거의 없어 목돈을 모을 수 있었다. 덕분에 부채 부담은 있었지만, 일찍 내 집 마련의 꿈을 실현해 비교적 여유로운 생활을 누리고 있다. 지방이라는 물리적 거리감도 크게 문제 되지 않는 듯하다. 운전을 즐기는 큰아들은 주 4일제 근무 덕분에 주말이면 어디든 자유롭게 이동하며 윤택한 삶을 즐긴다. 반면, 서울에 사는 작은아들은 주거 문제에 있어 선택의 여지가 많지 않다. 전세가 워낙 비싸 작은 집이라도 쉽게 옮기기 어렵지만, 다양한 문화를 누릴 수 있는 정신적 풍요로움을 만끽하며 살아간다. 결국 풍요로운 삶이란 각자의 선택에 달려있다.

사회의 갈등과 대립이 부쩍 달아오르며, 세상은 어수선해지고 갈피를 잡기 어려워졌다. 요즘은 어디를 가도 이방인이 된 듯 휑한 느낌이다. 공감을 불러일으키는 요소들은 사라지고, 이질적인 것들만 서걱이며 주변을 맴돈다. 같은 단체 안에서도 세대에 따라 생각이 다르고, 같은 울타리 안에서도 서로의 입장이 엇갈린다. 같은 현상을 두고도 해석은 제각각이며, 저마다의 목소리를 높이며 대치한다. 이념과 세대, 계층 간의 갈등이 팽팽히 맞서는 시대에서, 우리는 이 통탄스러운 현실을 관통하며 살아가고 있다.

분열과 소멸의 시대, 청년 문제는 무엇보다 시급해 보인다. 비혼을 선언하며 저출산 흐름을 이끄는 청년들로 인해 우리는 인구 소멸의 문턱에 들어섰다. 이는 지금과는 다른 사회에서 살고 싶다는 바람, 현실에 부응하지 못하는 경제적 이유에서 비롯된 것으로 보인다. 집값과 임금이 사회 변화 속도를 따라가지 못하면서 비혼을 선택하는 이들이 늘고 있다. 더불어, 긍정적인 자기 인식이 결핍된 청년들이 증가하는 것도 큰 문제다. 〈멈춰 선 청년의 SOS〉라는 강의는 이러한 분열의 현실을 잘 보여주었다. 고립과 은둔에서 벗어나지 못하는 청년이 20명 중 한 명이라는 사실은, 그들의 삶이 얼마나 각박하고 팍팍한지를 보여준다. 젊은 세대의 갈등을 외면하지 않기 위해서는 기성세대의 이해와 배려, 그리고 적극적인 소통과 조율이 필요하다는 생각이 든다.

일말의 희망은 꿀벌의 생존 전략 같은 분산 정책에 있다. 분열과 소멸이 인간 사회의 문제로 대두되는 오늘날, 꿀벌 군집의 선제적 분열 방식은 생존의 해답이 될 수 있음을 시사한다. 꿀벌은 스스로 새로운 여왕벌을 길러내고, 일부 일벌들이 구여왕과 함께 새로운 서식지를 찾아 떠나는 자발적이고 자연적인 번식 방식을 따른다. 이러한 분봉의 원리는, 중앙 집중이 불러온 사회 문제의 진정한 해법으로 '지방 분권'이 주목받아야 하는 이유를 웅변한다.

단풍을 즐기러 범어사로 나들이를 다녀왔다. 12월이 코앞인데도 늦더위가 기승을 부려 단풍이 제대로 물들지 않아 아쉬움이 컸다. 이상 기후 탓인지 여름에 피는 나팔꽃과 겨울에 피는 동백꽃이 동시에 피어 있었다. 개화 시기의 변화는 꿀벌들의 대량 실종이라는 심각한 현실로 이어지고 있다.

사라진 꿀벌은 생태계 교란의 경고 신호이다. 꿀벌이 사라지면 자연 생태계가 무너지고, 식량 위기가 닥친다. 개화 식물과 주요 상업 작물 대부분이 꿀벌의 수분 작용에 의존해 열매를 맺기 때문이다. 설령 인위적으로 꽃가루를 뿌린다 해도, 그 역할을 온전히 대체할 수 있을지는 의문이다. 자연 생태계의 위기는 곧 우리의 삶을 흔들고 있다.

 분열과 소멸의 시대에, 지구를 살리기 위한 환경 대책이 그 무엇보다 시급해 보인다. 저출생과 고령화 대응도 중요하지만, 조화로운 생태계 흐름을 회복하는 일도 숨 가쁘게 요구되는 현실이다. 인간 생존을 위한 가장 절박한 전략은 자연환경을 돌보는 데서 시작되어야 하지 않을까.

변신의 문턱

　사구 위로 번지는 낙조가 하늘을 물들인다. 푸른 하늘을 감싸는 붉은 기운이 생태길의 배경이 되어 퍼져간다. 진주홍 석양 아래 굼실대는 황갈색 갈대는 아랑곳없이 무연하다. 갈대밭을 가로지르며 전망대까지 이어지는 데크 산책길은 홀로 선명하다. 적막함이 마음 깊숙이 스며든다.
　저 멀리 습지에 백로들이 줄지어 서 있다. 푸슬푸슬한 모래를 밟으며 철새의 비상을 기다려 보지만, 미동도 하지 않고 가만히 있다. 밋밋한 모래 위를 무심코 걸어가다 화들짝 걸음을 멈춘다. 척박한 사로 위로 초록색 무리가 아귀차게 돋아 있다. 뜻밖의 풍경에 흠칫 놀라며 탄성을 지른다.
　메마른 땅에서 움트는 생명력이 경이롭다. 모래 속으로 길게 뻗은 땅속줄기가 햇빛과 바닷바람을 지탱하며, 낮게 펼친 잎들 사이로 갈색 솜방망이를 내밀고 있는 통보리사초가 다부져 보인다. 파릇파릇한 새싹을 틔운 모래밭의 봄의 기운은 예상치 못한 희락을 선사한다.
　통보리사초를 살짝 당겨본다. 퍼석한 모래 아래 뿌리가 마치 자신의 의지인 양 꼼짝도 하지 않는다. 겨울 동안 모든 에너지를 뿌리에 집중했는지 누구도 넘보지 못할 양상이다. 뿌리로 모래땅을 꽉 쥐는 풀의 자태가 옹골차며, 방어벽을 두른 것처럼 옆으로 누운 줄기는 도독하다. 느긋한 자세를 취하기까지 감수한 인고의 시간이 선겁기만 하다.

초록 실로 자수를 놓은 듯한 풀 무리의 향연이 사로 위에 펼쳐진다. 가지가 손바닥 모양으로 갈라져 잔디같이 생긴 우산잔디, 가늘고 길쭉한 이파리가 솔잎을 닮은 나문재, 깔때기 모양의 연한 보라색 꽃잎의 갯메꽃, 통보리사초 등등, 모래 위에 군락을 이루고 이들은 염생식물이다.

상식의 부재가 통찰로 치환되는 순간이다. 염생식물에 대한 상식이 없어서 당연한 현상이 그저 신기할 뿐이다. 여태껏 보고 싶은 것만 보고, 듣고 싶은 것만 듣고 살아왔는지 염생식물에 대한 상식조차 부재하지만, 이런 모자람이 때론 새로운 식견을 열어주기도 한다.

염생식물은 바닷가의 모래나 갯벌 주변에서 짠 소금물을 극복하고 자란다. 세포 속에는 염분이 많이 들어 있어 물을 잘 흡수한다. 필터링 과정을 통해서 흡수된 염분을 뱉어내고, 필요한 물을 줄기 속에 품어서 최적화된 삶을 꾸려간다.

한갓 풀의 자태가 허우룩한 나의 마음을 쓰다듬는다. 척박한 여건에도 아랑곳하지 않으며, 긍정의 기운을 전파하는 모습이 당당하기까지 하다. 곳곳에 스며든 오염 물질조차 깨끗이 처리하여

생태계 파수꾼을 자처하고, 환경과 조화를 이루는 모습 또한 삶의 대인배처럼 넉넉하다.

염생식물에 소금이 필요하듯이 우리 몸의 연결과 순환의 핵심은 소금이다. 여기저기 아프고 매사에 부정적이면 혈액 순환이 원활하지 않다는 신호이다. 이럴 때 염분이 있는 음식을 섭취해서 물을 많이 마시면 소화도 잘되고 찌꺼기도 걸러내서 몸이 깨끗이 정화된다. 피의 순환을 돕는 소금은 육체와 정신을 유기적으로 연결해서 신경을 통한 정보 전달도 윤활하게 한다. 짠맛의 힘이 요즘에 와서 부각되는 데는 이유가 있다.

염분은 동물의 건강에도 필요한 성분이다. 근래에 우리 집 반려견이 방광 결석 수술을 했다. 소변에 피가 보이고, 찔끔찔끔 누더니, 걷는 것조차 힘들어서 결석을 제거했다. 수술 후, 결석을 방지하기 위해서 염분이 있는 특별 사료를 처방받았다. 사료를 바꾼 후 강아지는 별 탈 없이 잘 지내고 있다. 짜게 먹는 것은 피해야 하지만, 소금은 무조건 기피해야 할 성분은 아니었다. 소화를 잘 시키고 배출을 잘하는 데는 염분이 필수다.

생존을 위해 염분을 필터링하는 염생식물처럼 나의 몸도 재정비할 시기에 이르렀나 보다. 몸의 구석구석을 적시고 중심으로 돌아오는 흐름이 무언가에 막힌 듯 더뎌져 있다. 혈액 순환이 원활하지 못해 손 저림이 심하고, 어깨와 팔의 통증으로 한의원과 신경외과를 늘 들락거린다. 고질병이라 생각될 정도로 고통스럽고, 치료해도 제자리다.

삶의 전환점을 맞이하며 마음도 혼란스럽다. 익숙했던 감정의 결이 흔들리며 낯선 파동에 휩싸인다. 때론 한여름처럼 들끓다가도 어느새 가을 낙엽처럼 가라앉는다. 호기롭게 다가섰던 일조차 이런저런 변명을 대며 시드럭시드럭하다 슬그머니 샛길로 자취를 감춘다. 미소를 띠며 바라보던 친근한 사이에도 성근 마음이 버티고 있다. 부실한 몸과 생기를 잃은 마음은 흐름이 멈춘 강처럼 막히고 고여서 출구를 찾고 있다.

내 몸과 마음이 여과 과정이 시급하다고 붉은 등을 켜고 있다. 염생식물처럼 몸 안의 불순물은 몰아내고, 이로운 것은 과감히 취하는 절차가 필요하다고 경고를 보내고 있다. 몸과 마음의 건강은 순환의 지속성에 달려 있다. 몸과 마음의 물길이 원활할 때 생명은 숨을 쉬고 기운을 얻는다.

몸과 마음은 돌보는 손길을 기다린다. 스트레칭하고, 몸과 마음을 다독이며, 작은 움직임 하나하나에도 세심한 신경을 기울인다. 육체적 저항을 뒤로하며 두근거리는 박동에 다가서서 넓은 세상의 새로운 볼거리를 기꺼이 마주하면 시간의 흐름을 거스를 수 있을까? 불꽃이 터지듯 아찔하더라도 정신의 울림을 받아들이고, 진부한 정신이 흔들려도 감수한다면 조금이라도 나아질까? 나는 변방에 서서 견고히 자리 잡은 채, 변신을 위해 막혀버린 출구를 찾아 나선다.

해변가를 천천히 거닌다. 진흙 속에 몸을 숨긴 작은 게들이 숨구멍을 뽕뽕 내밀며 기어 나온다. 낙조를 배경으로 드레스와 턱

시도를 입은 예비 신랑 신부들이 카메라 셔터 소리에 함박웃음을 지으며 사랑스러운 자세를 취한다. 순간의 행복에 흠뻑 취한 그들의 모습에 마음마저 밝아진다.

해수천을 따라 해변공원으로 발걸음을 옮긴다. 변화하는 세월의 여정처럼 다가온 어둠도 가로등의 빛으로 오붓하다. 노란 유채꽃과 하얀 토끼풀이 불빛 아래 산뜻한 자태를 드러낸다. 모래밭 끝자락에서 성마른 마음도 잠잠해지며 평온해진다. 유랑하다 멈춘 인생의 휴지기처럼 고요 속에서 다시금 방향을 모색한다. 한가로운 산책에서 해답의 물꼬를 트는 봄날의 저녁이다.

크고 넓은 포구라는 뜻을 가진 다대포에서 생각을 전환한다. 발끝에 머문 통보리사초를 보며 내면의 어두운 숲속에서 빛을 찾는다. 몸은 내가 가진 유일한 자산이고, 사유의 중심이다. 해로운 요소를 제거하는 치열한 몸놀림만이 나의 고유성을 되살린다고 통보리사초가 일깨운다. 침묵 속에 숨겨진 고요한 의지를 껴안으며, 변신의 문턱에 서서 자연의 울림에 귀 기울인다.